Richard Malka

Das Recht, Gott lächerlich zu machen

Richard Malka

Das Recht, Gott lächerlich zu machen

Aus dem Französischen übersetzt von Lou Marin

Alibri

2023

Richard Malka vertrat Charlie Hebdo bereits 2007 als Anwalt, als die Zeitschrift wegen des Abdrucks von Karikaturen, die den islamischen Propheten Mohamed zeigen, mit dem Rassismus-Vorwurf konfrontiert war. In zahlreichen weiteren politisch bedeutsamen Verfahren trat er für Positionen von Meinungs- und Weltanschauungsfreiheit ein. Neben seiner Tätigkeit als Anwalt schreibt Richard Malka Romane und Graphic Novels.

Der Alibri Verlag bedankt sich bei Sabine Trott (*Projekt 48*) und Naïla Chikhi.

Alibri Verlag
www.alibri.de
Aschaffenburg
Mitglied in der Assoziation Linker Verlage (aLiVe)

1. Auflage 2023

Umschlaggestaltung: Eva Creutz
unter Verwendung von Abbildungen von ©
Druck und Verarbeitung: Dardedze Holografija, Riga

ISBN 978-3-86569-383-9

Inhalt

Ich lege meine Plädoyers zunächst schriftlich nieder. Dieses mehr als jedes andere. Je nach Moment muss man jedoch improvisieren – den Umständen der Gerichtsverhandlung, der Uhrzeit, der Zuhörerschaft entsprechend. Die Bedingungen, unter denen ich diese Worte vor dem Pariser Strafgericht ausgesprochen habe, werden für mich unvergesslich bleiben. Sicher, da war die emotionale Aufgeladenheit dieses Prozesses, die mich sehr berührte, die überwältigend, erschreckend war. Und in dem Moment, in dem ich mein Plädoyer halten wollte – da erkrankte einer der Angeklagten an Covid. Die mehrfache Verschiebung der Gerichtsverhandlung wirkte dann wie eine Tortur, Woche um Woche, einen Monat lang. Dann war da auch die Maske, die schlecht zur Leidenschaft für das Wort passte und, schlimmer noch, zudem jegliche Wahrnehmung des Gesichtsausdrucks von Richtern und Staatsanwälten verhinderte, wodurch das Gefühl entstand, als spräche man im Limbus, dem äußersten Kreis der Hölle. Schließlich die Erschöpfung nach drei Monaten einer von Anschlägen und Toten geprägten Gerichtsverhandlung. Also hatte ich gekürzt.

Wir entschieden, gemeinsam mit *Éditions Grasset*, hier den Text in seiner schriftlichen Form abzudrucken, der länger ist als der, den ich letztlich am 4. Dezember 2020 am Ende des Tages vorgetragen habe.

Die vergehende Zeit, die Rückschläge, die wiederholte Vertagung der Gerichtsverhandlung, die Unanständigkeit mancher – all das kann nichts an der Tiefe unserer Trauer ändern. Der Trauer darüber, dass uns die Intelligenz, das Talent, die Güte und der Humor derjenigen fehlen, die von uns gegangen sind. So suchen wir denn nach einem Sinn. Es ist das einzige Mittel, diesen Verlust zu ertragen. Nach einem Sinn in dem Geschehenen und einem Sinn in diesem Prozess. Und beides ist selbstverständlich miteinander verbunden.

Monatelang habe ich mir die Frage nach diesem Sinn gestellt und ich stieß immer wieder auf dasselbe Problem, das ich erst vor kurzem gelöst habe. Dieser Prozess war episch, tragisch, stürmisch und in mancher Hinsicht romanhaft. Er hat den Zorn der Welt entfesselt; er wurde von Anschlägen begleitet; er hat uns die glühenden Worte der Opfer geliefert und er hat uns in die Irre geführt in den Erklärungslabyrinthen der Angeklagten.

Die eigentliche Bedeutung dieses Prozesses liegt natürlich darin, über diese Angeklagten zu richten. Meine Kollegen von der Verteidigung werden Sie zu Recht daran erinnern. Aber deshalb zu glauben, das sei der einzige Sinn, wäre ein Irrtum. Wir befinden uns nicht in den Vereinigten Staaten, wo die Zivilkläger vom Strafprozess ausgeschlossen werden und nur das Recht auf einen Zivilprozess haben. In Frankreich hat der Gesetzgeber eine andere Möglichkeit eröffnet und die Zivilklage in den Strafprozess integriert. Von da an kommt ihr eigentlicher Sinn zum Ausdruck. Und das gibt den Zivilklägern die Zeit und den Raum sich zu äußern. Ich glaube nicht, dass das den Schmerz der Betroffenen lindert, aber für sie war das unverzichtbar.

Der Sinn dieses Prozesses liegt außerdem darin, zu zeigen, dass das Recht Vorrang vor der Gewalt hat. All dies wäre bereits viel – und ausreichend für jeden Prozess. Aber nicht für diesen Prozess, nicht angesichts der begangenen Verbrechen. Die Attentate auf *Charlie Hebdo* und den Supermarkt *Hyper Cacher* sind nicht einfach nur Verbrechen. Sie haben eine Bedeutung, eine politische, philosophische und metaphysische Tragweite. Die von den Brüdern Kouachi und von Amedy Coulibaly begangenen Attentate sind durch dieselbe Idee verknüpft. Sie sind untrennbar miteinander verbunden, sie wurden gemeinschaftlich vorbereitet, sie haben das gleiche Ziel. Wenn Coulibaly Juden tötet, dann tötet er nicht nur Juden, sondern er tötet *den Anderen*. Der Jude, das ist *der Andere*. Auf allen Breitengraden, in allen Epochen der Menschheitsgeschichte, vom alten Ägypten bis hin zu Nazi-Deutschland, in den polnischen Ghettos, in den Juden vorbehaltenen Stadtvierteln im Maghreb, im bessarabischen Schtetl.

Es ist der Jude, der *anders* ist, der seine Identität durch die Jahrtausende erhalten hat; der sich weigert zu verschmelzen. Es ist die Vorstellung einer nicht reduzierbaren Singularität, also der Vielfalt. Auch *Charlie Hebdo* ist *der Andere*. Er ist der, der frei ist, libertär, der sich ungehindert ausdrückt; schlimmer noch: der über diejenigen lacht, deren totalitäres Denken die Verschiedenheit ablehnt. Die Bedeutung dieser Verbrechen ist die Vernichtung des *Anderen*, des Unterschieds.

Wenn darauf nicht reagiert wird, nun, dann bleiben wir auf halbem Wege stehen, dann würden wir die Tat sanktionieren, ohne deren Tragweite zu erfassen.

Aber wie soll man diese Tragweite erfassen, wo doch ein Strafgericht nicht dazu gemacht ist, Freiheit und Vielfalt zu schützen, sondern dazu, Tatbestandsmerkmale eines Verbrechens zu beurteilen, Schuld und Tatsachenbeweise.

Darin liegt die ganze Problematik dieses Prozesses – und die Lösung ist einfach. Sie haben diese Anhörung so organisiert, dass sie in zwei klar voneinander abgegrenzte Zeiträume unterteilt ist: in die Zeit der Opfer und die Zeit der Angeklagten. Ich bin außerdem der Meinung, dass wir akzeptieren müssen, dass wir es mit zwei Prozessen innerhalb des einen zu tun haben: dem Prozess der Angeklagten und dem Prozess über die Werte, die man damit meucheln und begraben wollte. Dies sind die berühmten „in Frage gestellten republikanischen Werte", die Gerichtspräsident Hayat in seiner die Aufzeichnung des Prozesses autorisierenden Verordnung erwähnt.

Diese Werte haben ihren Platz in diesem Gerichtsverfahren, sie geben ihm einen Teil seines Sinns. Diese Verbrechen sind keine wie alle anderen und dieser Prozess kann daher auch kein Prozess wie jeder andere sein.

Man kann sich sicherlich nicht darauf beschränken, wie es manche gerne wollten, die unterschiedlichen

Versionen zu analysieren, all das, was die Angeklagten vergessen hatten oder was unausgesprochen blieb: Nichts in der Strafprozessordnung verhindert die Berücksichtigung dieser zusätzlichen symbolischen Dimension. Nichts bei der Staatsanwaltschaft, deren Rede frei ist; nichts beim Gericht, das in seinen Begründungen einen Ermessensspielraum hat – und natürlich auch nichts bei den Anwälten der Zivilkläger und -klägerinnen, die wir selbst sind. Und meine Rolle als Anwalt der juristischen Person *Charlie Hebdo*, in der ich für die Fanatiker der große böse *Andere* bin, ist es nicht, die Personen, über die gerichtet wird, anzuklagen, sondern nahezu ausschließlich die zweite Dimension dieses Prozesses zu behandeln.

Diese Rolle wird mich nicht dazu verführen, mein Plädoyer für die Kameras oder die Geschichtsbücher zu halten. Ich habe mit der Geschichte nichts zu tun. Ich halte mein Plädoyer für heute, nicht für morgen, für die Menschen hier und jetzt, und nicht für die zukünftigen Historiker. Die Zukunft, sie ist wie der Himmel; sie ist virtuell.

Es liegt an uns – und nur an uns –, die wir uns engagieren, nachdenken, analysieren und manchmal auch ein Risiko eingehen, so frei zu bleiben, wie wir es wollen. Wir, und niemand anderes, müssen die Worte finden, sie aussprechen, sie aufschreiben, um das Geräusch der Klingen, die an unseren Kehlen kratzen, zu übertönen.

Es liegt an uns, zu lachen, zu zeichnen, unsere Freiheiten zu genießen, erhobenen Hauptes zu leben, angesichts der Fanatiker, die uns ihre Welt der Neurosen und der Frustrationen aufzwingen wollen – in Zusammenarbeit mit den Universitätsprofessoren und -professorinnen, die mit dem angelsächsischen Kommunitarismus vollgestopft sind, und den intellektuellen Erben derer, die noch die schlimmsten Diktaturen des 20. Jahrhunderts, wie die von Stalin und von Pol Pot, unterstützt haben.

Es liegt an uns, dafür zu kämpfen, wie es der Karikaturist Riss sagte, frei zu bleiben. Wir und diejenigen, die uns nachfolgen. Genau das steht heute auf dem Spiel.

Und frei zu bleiben, das bedeutet noch frei zu reden zu können, ohne mit dem Tod bedroht zu werden, ohne von Kalaschnikows niedergeschossen zu werden, ohne enthauptet zu werden. Doch in unserem Land ist das nicht mehr der Fall.

Während dieses Prozesses ist ein Lehrer buchstäblich in zwei Hälften geschnitten worden – entschuldigen Sie bitte diese Worte, aber so sieht der Schrecken aus, den wir inzwischen erreicht haben. Während dieses Prozesses hat man in einer Basilika einen Menschen getötet – und einen weiteren in der *rue Nicolas-Appert* grauenhaft verstümmelt. Führenden Persönlichkeiten von *Charlie Hebdo* – Fotografien belegen das – wurde in mehreren öffentlichen Erklärungen gedroht, eine davon stammt von *al-Qaida*.

Die Botschaft der Terroristen ist klar. Sie sagen uns: „Eure Worte, eure Empörung, eure Proteste nutzen nichts. Wir werden euch weiter töten." Sie sagen uns: „Ihr Richter, eure Prozesse sind uns egal, wir erkennen sie nicht an und wir werden euch weiter töten. Eure

Gesetze sind ein Witz. Wir achten nur die Gesetze des Himmels und wir haben keine Angst zu sterben. Wir ziehen den Tod dem Leben vor." Sie fordern uns auf, auf die Freiheit zu verzichten, weil sie sich mit einem Messer und einem Beil stärker fühlen als 60 Millionen Franzosen und Französinnen, stärker als die Armee und die Polizei. Ihre Waffe ist das Erzeugen von Angst, mit dem Ziel, dass wir einen Lebensstil aufgeben, der sich über die Jahrhunderte entwickelt hat.

So lautet die eigentliche Frage selbstverständlich: „*Wie* sollen wir auf sie reagieren?"

Jeden Tag lese ich dazu Leitartikel, Petitionen, Artikel von großen Philosophen, von Soziologen, von Schöngeistern und sogar von einer früheren Präsidentschaftskandidatin, die uns sagen, dass wir das Recht auf solche Karikaturen und das Recht auf freie Religionskritik aufgeben sollen.

Aber wie kann, wer auch nur einen Hauch intellektueller Redlichkeit besitzt, das verlangen? Vor einigen Wochen gab es in Österreich ein Attentat. Doch in Österreich gibt es keine Zeitschrift wie *Charlie Hebdo*, dort wurden keine Karikaturen veröffentlicht. Es ist eines der letzten europäischen Länder, deren Gesetzgebung die Blasphemie verbietet. Es gibt in Österreich weder Laizismus noch eine koloniale Vergangenheit. Und trotzdem gab es dort ein islamistisches Attentat. Was also sollen die Österreicher und Österreicherinnen aufgeben? Auf was müssen sie künftig verzichten?

Anfang November 2020 wurden 50 Personen, junge Muslime, in Mosambik durch einen Ableger von *al-*

Qaida enthauptet. Es war nicht so, dass diese Unglücklichen gerade dabei waren, den Propheten zu karikieren oder *Charlie Hebdo* zu lesen. Was hätten sie denn aufgeben müssen, um am Leben bleiben zu können?

Vor einigen Tagen wurden in Nigeria mehr als hundert Personen gefesselt und dann wurde ihnen die Kehle aufgeschlitzt. Die Opfer waren Muslime, die Täter Boko Haram. Auch diese Menschen waren nicht gerade dabei, das Recht auf freie Religionskritik einzufordern. Sondern es waren friedliebende Bauern und Bäuerinnen. Was also wird man aufgeben müssen? Die Freiheit, die Gleichheit, die Brüderlichkeit?

Sie verachten unsere Freiheiten. Sonia Mejri hat uns das gesagt. Ihre Worte waren mit die stärksten, die während dieser Anhörung ausgesprochen wurden. Und sie weiß, wovon sie spricht. Sie ist eine Rückkehrerin aus Syrien. Dort war sie mit einem Kader des Daesch [Islamischer Staat] verheiratet worden.

Sie verachten unsere Freiheiten und sie werden nicht aufhören, das zu tun. Und wissen Sie, warum? Weil auch wir das *Andere* sind. Weil wir zu den wenigen in dieser Welt gehören – so ist das nun mal –, die einen anderen Universalismus vertreten, der dem ihren entgegensteht. Aber unser Universalismus, der unserer Revolution, ist der Träger der Vernunft und der Freiheit, während derjenige dieser Fanatiker auf Dogma und Unterwerfung aufbaut. Deshalb können wir aufgeben, was wir wollen: Sie werden nicht aufhören, solange sie uns nicht in Goldfische verwandelt haben, die in einem Glas ihre Runden drehen.

Im Laufe dieses Prozesses haben wir Tausende von Drohungen erhalten, und einige von uns noch viel besorgniserregendere Hinweise – aber davon kann ich nicht zu Ihnen sprechen. Unser Leben ist noch komplizierter geworden, als es schon war; und das wird noch lange Zeit nach diesem Prozess so sein – also soll es wenigstens für etwas gut sein.

Während dieses Prozesses, an *jedem* Tag dieses Prozesses, habe ich auf meinem Smartphone die Todesdrohungen gesehen, die mir die Mutter von Mila weitergeleitet hat, jener jungen Heranwachsenden, die sich nichts hat zuschulden kommen lassen, wie es der Staatsanwalt von Vienne im Departement Isère festgestellt hat. Ihr wurde gedroht, dass man sie ausweiden, verbrennen, vergewaltigen, erwürgen würde. Man hat ihr Fotos mit den Köpfen Enthaupteter zugesandt. Sie können sich die Dimension der Gewalt dieser Botschaften, die sie erhält, nicht vorstellen.

Und während dieses Prozesses wurde ein junger Mann zu drei Jahren Gefängnis verurteilt, davon 18 Monate auf Bewährung, weil er auf Facebook ein Video verbreitet hat, in dem die Enthauptung dieser Frau mit einem Fleischermesser nachgestellt wird.

Heute ist der Tag, an dem wir kämpfen müssen. Heute entscheidet es sich.

Wie ist es also dazu gekommen? Was ist das für ein Krieg, in dem sich Zeichner mit ihren Bleistiften oder Lehrer mit ihren schwarzen Schultafeln und Fanatiker, die mit Kalaschnikows oder Fleischermessern bewaffnet sind, gegenüberstehen? Durch welchen Wirrwarr an Gedanken, welche historischen Begebenheiten,

Diskurse und Ereignisse ist es zu dieser Situation gekommen. Einer Situation, in der zum ersten Mal in der westlichen Welt, zumindest seit Kriegsende, die Mitarbeitenden einer Zeitungsredaktion, nachdem sie dezimiert worden sind, sich dazu gezwungen sehen, sich in einem Bunker mit geheimer Adresse zu verschanzen? Und schließlich: Wer hat das Krokodil in der Hoffnung gefüttert, der Letzte zu sein, der gefressen wird, um hier zu zitieren, was Churchill zu Beginn des Zweiten Weltkriegs sagte? Denn es ist immer dieselbe Geschichte: Wenn wir mit Phänomenen konfrontiert sind, die uns ängstigen, dann entscheiden sich einige dafür, einen Pakt zu schließen. Aber an einem bestimmten Punkt wird das Krokodil des Münchner Abkommens so dick, dass das, was mit etwas Mut hätte gestoppt werden können, zu einem Monster wird, das uns zu verschlingen droht, weil es von unseren Versäumnissen genährt wird. Und an diesem Punkt wird der Preis, den wir für die Freiheit bezahlen müssen, viel zu hoch.

Die Geschichte, die ich Ihnen erzählen werde, ist unser aller Geschichte, und es ist in Teilen die, meine Herren Angeklagten, die Sie in diese Kabinen der Anklagebank gebracht hat. Ich hoffe, Sie interessieren sich für sie.

Die Geschichte der Karikaturen

Mustapha ist der beste Korrekturleser, den ich jemals hatte, und ich hatte viele. Wenn er über die französische Sprache redete, wurde er leidenschaftlich und seine Augen funkelten. Um Camus zu zitieren: „Seine Sprache war sein Vaterland"; und er konnte stundenlang über die Position eines Semikolons oder die Konkordanz der Zeiten sprechen. Sie ist wichtig, die Konkordanz der Zeiten. Sie wurde während dieser Anhörung nicht immer genau respektiert, doch manchmal tauchten kleine Momente von Anmut und Eleganz auf, wie an jenem 27. Oktober 2020, als der Hauptangeklagte das Präsens des Konjunktivs benutzte: „Sie wollen doch nur Antworten hören, die Sie befriedigen würden."[1]

Wer benutzt heute das Präsens des Konjunktivs? Das ist nicht verbreitet. Mustapha hätte diesen Augenblick, der ihm Hoffnung gegeben hätte, geliebt. Aber Mustapha ist tot.

Für ihn hatte der Countdown am 2. November 2004 in Amsterdam begonnen, in einem kleinen Gässchen, in dem Theo van Gogh ermordet wurde, der Urgroßneffe des Malers.

---

1 Wörtlich: „Vous, vous voulez des réponses qui vous satisfassent".

Theo van Gogh war Journalist, Filmemacher und Moderator. Man muss zugeben, dass er nicht gerade eine sympathische Erscheinung war. Er hat sich abscheulich über die Juden geäußert: „Die gelben Sterne, die in einer Gaskammer kopulieren". Ihm wurde mit einer Klage gedroht, und dabei ist es wohl geblieben. Danach hat er sich genauso abscheulich über Jesus, „den verfaulten Fisch aus Nazareth", geäußert. Auch hier wurde ihm mit einer Klage gedroht.

Und dann, im Jahr 2004, veröffentlichte er den Film *Submission* [Unterwerfung], mit Ayaan Hirsi Ali, einen Dokumentarfilm, der die Unterwerfung der Frauen im Islam anprangerte. Diesmal gab es keine Beschwerden, aber am 2. November 2004 wird er auf einer Straße in Amsterdam durch acht Kugeln getötet, die in seinen Körper dringen – erschossen von einem jungen takfiristischen[2] Islamisten, von dem wir in diesem Prozess bereits viel gesprochen haben.

Dann beugt sich der Täter über van Goghs Körper und schneidet ihm die Kehle durch. Fast enthauptet er ihn dabei. Danach sticht er ihm zwei Dolche in den Oberkörper. Mit einem der Dolche war eine Todesdrohung gegen Ayaan Hirsi Ali befestigt – das ist logisch – und eine gegen die Juden – hier wissen wir nicht warum.

So die Ausgangslage im Jahr 2015. Dieser Körper und dieses Verbrechen symbolisieren die beiden Ob-

---

2 Eine 1971 gegründete terroristische Gruppe, die ihre Opfer des Atheismus „beschuldigt". [A.d.Ü.]

sessionen der Islamisten: die Meinungsfreiheit und die Juden.

Das Trauma in den Niederlanden war beträchtlich – wie übrigens auch in allen nordeuropäischen Ländern. Für Ian Buruma, einen der bekanntesten niederländischen Schriftsteller, der diesem Fall ein Buch gewidmet hat, war es das Ende des Europas der Aufklärung, die Rückkehr des Fanatismus, des Religiösen, ein *coup d'arrêt* – ein Schlag gegen die Säkularisierung Europas. Ein weiterer Schriftsteller, der Däne Kåre Bluitgen – selbst Linksradikaler und somit der „Islamophobie" unverdächtig –, hatte die Absicht, ein keineswegs polemisches, sondern pädagogisches Buch über das Leben Mohammeds zu schreiben. Er glaubt, dass Wissen das beste Bollwerk gegen Gewalt sei. Vielleicht hat er den Koranvers und die Worte des Propheten Mohammed gelesen: „Die Tinte des Gelehrten ist heiliger als das Blut des Märtyrers".

Also wollte er eine Art illustrierten Koran machen, so wie bereits illustrierte Ausgaben der Bibel existieren, und er suchte einen Illustrator. Er fand aber keinen. Der Einzige, der akzeptierte, forderte anonym zu bleiben. Ansonsten verweigerten sich alle; die Angst hatte bereits gesiegt, die Schere waren in den Köpfen. Kåre Bluitgen empörte sich über diese Situation und veröffentlichte am 17. September 2005 einen Artikel im großen Magazin der Linken Dänemarks, *Politiken*, um diese Selbstzensur zu kritisieren, wenn es um den Islam geht.

An diesem Tag las Flemming Rose, der Chefredakteur des Feuilletons der Zeitung *Jyllands-Posten*, der dänischen Mitte-Rechts-Tageszeitung, den Artikel. Und er reagierte heftig. Die Geschichte von Flemming Rose ähnelt dem Bericht von Fabrice Nicolino, der die früheren Stalinisten anklagte, sich zu Unterstützern und Unterstützerinnen der Islamisten gewandelt zu haben, weil er selbst als ehemaliger Korrespondent für verschiedene Medien in der UdSSR gewesen war und dort die Schrecken erlebt hatte, die durch fehlende Meinungsfreiheit verursacht werden. Er hatte den Albtraum einer Gesellschaft erlebt, die zu einer Gesellschaft der Angst geworden war.

Und so entschied sich Rose, diese Gelegenheit nicht verstreichen zu lassen und die Gewerkschaft der dänischen Karikaturisten aufzufordern, ihm die inzwischen berühmten Karikaturen Mohammeds zu schicken. Die ersten, völlig harmlosen, wurden in der Zeitung *Jyllands-Posten* am 30. September 2005 veröffentlicht.

Als Reaktion darauf gab es in Kopenhagen eine Demonstration mit 3000 Teilnehmenden. Das ist deutlich, aber auch kein Grund zur Besorgnis. Und danach – nichts mehr. Zwei Monate lang war in Dänemark nichts geschehen.

Am darauffolgenden 17. Oktober wurden dieselben Karikaturen in der ägyptischen Zeitschrift *Al-Fadschr* (Die Morgendämmerung) veröffentlicht, mitten im Fastenmonat Ramadan. Keine Reaktion. Keine Bewegung. Niemand reagierte darauf. Zwei Monate lang passierte kaum etwas. In Wirklichkeit konnte diese Affäre, die dann zu den Attentaten des 7. Januar 2015 führen sollte, nur wegen eines Betruges ein solches Ausmaß annehmen. Und dieser Betrug wurde von dänischen Imamen begangen, die im Wesentlichen zur Bewegung der *Muslimbruderschaft* gehörten, unterstützt von einigen Salafisten.

Im Dezember 2005 waren diese Imame über die bösen, islamophoben Dänen verärgert, die die umfassende Umsetzung der Scharia verhinderten, und machten eine Propagandatour durch die arabischen Hauptstädte, um die muslimische Welt zu mobilisieren. Und um Emotionen zu erzeugen, hatten sie Mappen mit Material dabei, in die selbstredend die von *Jyllands-Posten* veröffentlichten Karikaturen aufgenommen waren. Aber sie wussten, dass das nicht ausreichen würde. Also fügten sie noch etwas hinzu und trugen dabei dick auf.

Uns ist es gelungen, eine solche Mappe zu bekommen, die von diesen dänischen Imamen verbreitet worden ist. Alles ist inzwischen dokumentiert, untersucht; es gibt zahlreiche Dokumentarfilme darüber, und diese Imame haben auch recht schnell ihren Betrug zugegeben. Aber es war zu spät; die Welt war bereits in Brand geraten.

Hier ist diese Mappe, die verbreitet worden ist. Sie werden sehen, dass sie drei zusätzliche Karikaturen enthält. Zwei davon stammen von einer Website von Hysterikern, von US-amerikanischen Anhängern und Anhängerinnen der *White Supremacy*.

Die erste zusätzliche Karikatur ist eine Kinderzeichnung – die Qualität der dänischen Karikaturen ist zwar nicht sehr gut, aber es sind dennoch keine Kinderzeichnungen –, die eine Art Teufel zeigt, der zwei kleine Puppen in den Händen hält, untertitelt mit: „Der pädophile Prophet Mohammed". Die zweite Karikatur ist noch widerwärtiger; sie zeigt einen betenden Muslim, dessen Anus von einem Hund penetriert wird.

Natürlich sind diese beiden Karikaturen nie in *Jyllands-Posten* veröffentlicht worden, sie sind reine Täuschung.

Und die dritte zusätzliche Karikatur ist sogar noch unverschämter: In der Stadt Tulle wird jedes Jahr das Fest „Das Quieken des Schweins" veranstaltet – und eines Tages fand es ein Beteiligter lustig, sich mit der Schnauze eines Schweins und Schweinsohren zu zeigen. Dieses Event hat übrigens mit dem Islam nicht das Geringste zu tun und doch wurde das Foto instrumentalisiert, und darunter stand: „Und hier der Prophet Mohammed, wie er im Westen dargestellt wird". Es wurde der Mappe hinzugefügt, und so sollte es die arabische Welt glauben.

Die Welt ging in Flammen auf. Es gab Massendemonstrationen, brennende Flaggen, provokative Erklärungen, Boykotte, Tote, Angriffe auf Botschaften. Auf dem Fundament eines Schwindels religiöser Betrüger haben diese Fälschungen den Tod vieler Menschen nach sich gezogen, darunter den von Mustapha Ourrad.

Diese Fälschungen haben Zehntausende von Menschen auf die Straßen gebracht, die die ursprünglich veröffentlichten Karikaturen gar nicht gesehen haben. Und das soll den Rahmen der freien Meinungsäußerung für alle Zeitungen der Welt festlegen? Und jeder Journalist, jede Journalistin in jedem Land müsste sich dem unterwerfen? Also waren wir es, die Öl ins Feuer gegossen haben?

Das Problem besteht darin, dass die Hälfte der politischen und intellektuellen Klasse diesem Diskurs gefolgt ist.

Wer aber hat wirklich Öl ins Feuer gegossen? Wer hat den Islam karikiert? Waren das wir – oder diese dänischen Imame?

Wer war blasphemisch, wenn nicht die *Muslimbrüder*, die diese Karikaturen erfunden, geschaffen und verbreitet haben?

Sie sind die Gotteslästerer. Und deshalb: Ja, es ist schlimm, von Dummköpfen geliebt zu werden – wie Cabu es ausdrückte, als er von den Islamisten sprach –, aber es ist noch trauriger, von Betrügern instrumentalisiert zu werden.

Sie waren es, die den Brand gelegt haben und seit inzwischen 15 Jahren bezeichnen sie *uns* als islamophobe Brandstifter. Diese Karikaturen sind eine Kreation der *Muslimbruderschaft*, derjenigen, die – wie Herr Farid Benyettou[3] bezeugt hat – das Einfallstor für alle möglichen radikalen Bewegungen bilden. Sie sind diejenigen, so sagte er uns, die seit Anfang der 1990er-Jahre in der Frage der Karikaturen in vorderster Reihe stehen. Das ist höchst interessant, denn nach der Zeit der Täuschung kommt die Zeit der politischen Instrumentalisierung. Im Januar 2006 hat die höchstoffizielle

3 Ehemalige Anführer [Emir] der Buttes-Chaumont-Zelle, der zahlreiche Kandidaten für den Dschihad anwarb, darunter Chérif Kouachi. Benyettou verbüßte eine sechsjährige Haftstrafe wegen terroristischer Vereinigung von Kriminellen [association de malfaiteurs terroristes, AMT], bevor er sich reumütig gab.

Organisation der Islamischen Konferenz, der 57 Länder angehören, die UN angerufen, um ein weltweites Verbot der Blasphemie zu erreichen. Das war natürlich eine großartige Gelegenheit. Sie wurde aus dem Nichts geschaffen, aber dann wurde sie bis zum Äußersten ausgereizt. Die politische Agenda steht. Und diese Organisation fordert von der UN die Anwendung der *Kairoer Erklärung der Menschenrechte im Islam* aus dem Jahre 1990, insbesondere deren Artikel 22, gemäß dem: „Jeder Mensch [...] das Recht auf freie Meinungsäußerung [hat], soweit er damit nicht die Grundsätze der Scharia verletzt".

Die Anrufung endete damals so, dass die UN, d. h. deren Rat für Menschenrechte, 2009 eine Resolution verabschiedet hat, die glücklicherweise nicht bindend war, gemäß der alle Gesetzgebungsverfahren weltweit dahingehend verändert werden müssen, „jede Art der Diffamierung von Religion zu bekämpfen". Am 3. Februar 2006 proklamiert Scheich al-Qaradawi, der spirituelle Führer der *Muslimbruderschaft*, einen „Tag der Wut". Am selben Tag erklärten Jacques Chirac, der frühere US-Präsident Bill Clinton und der damalige UN-Generalsekretär Kofi Annan, dass „die Zeitungen, die zur Verbreitung der Karikaturen beigetragen haben, die Redefreiheit missbraucht haben", und sie riefen zu „mehr Verantwortung und Respekt gegenüber religiösen Gefühlen" auf.

Die Welt ist vor dem Obskurantismus eingeknickt, die Wahrheit wurde von der Lüge überdeckt. Diejenigen, die die Freiheit hassen, haben gewonnen, und das Blut, das in den Demokratien vergossen wird, macht ihnen nur Appetit. Die Strategie al-Qaradawis ist aufgegangen, und das war nur eine erste politische Etappe.

Am anderen Ende dieser Zeit, d. h. zu Beginn dieses Prozesses, hat einer der wichtigsten Unterstützer von al-Qaradawi, Scheich Muhammad Hassan Dadou, „zum Mord an *Charlie*" aufgerufen. Dieser einflussreiche Mann aus Katar fordert nun, mit allen Ehren, die seinem Rang gebühren, einen moderaten Islam der goldenen Mitte sowie einen Geist des Glaubens und der Liebe, der darin besteht, „all diejenigen zu töten, die den Propheten verspotten – um den Durst nach Rache zu stillen, der in unserer Brust brennt". Das nenne ich eine Hassliebe.

Ich erwähne Dadou, weil er nicht nur die Nummer Zwei der *Muslimbruderschaft* ist, sondern auch der Ideengeber für den Mörder des Priesters Hamel in Saint-Étienne-du-Rouvray war. Und seine Videos scheinen ebenfalls von dem Terroristen mit dem Beil aus der rue Nicolas-Appert abgerufen worden zu sein.

Zu dieser kleinen Geschichte, und zu unserer Erbauung, trägt bei, dass 2019 zu Ehren dieser sympathischen Persönlichkeit ein Wohltätigkeits-Dinner durch den französischen Zweig der *Muslimbruderschaft*, vordem *Union des organisations islamiques de France*[4] (UOIF), veranstaltet wurde, finanziert aus zu Gunsten des UOIF steuerlich absetzbaren Spendengeldern.

Niemand weiß, was aus diesen dänischen Imamen geworden ist. Keinen interessiert das mehr. Aber seit

---

4 Die *Union der islamischen Organisationen Frankreichs*. [(A.d.Ü.]

dieser Zeit wird in allen Erklärungen von Terroristen diese Geschichte von den Karikaturen als Beweggrund angeführt. Deshalb wäre es gut, wenn diese Geschichte gelehrt würde, damit sie bekannt wird; damit niemand mehr ignorieren kann, dass sie vollständig erfunden ist.

Und ja: Ganz am Anfang dieser Geschichte standen diese erfindungsreichen dänischen Imame.

Der kanadische Premierminister Justin Trudeau, der meint, uns Lektionen über unzumutbares Entgegenkommen erteilen zu müssen – kennt er diese Geschichte? All die Schöngeister, die sich jeden Tag zu dieser Affäre der Karikaturen auslassen und die uns erklären, dass es Rechte gibt, die man besser nicht ausüben soll, kennen sie diese ganze Geschichte?

Al Thani, der Emir von Katar, will uns Lektionen in Antirassismus erteilen; er, der ausländischen Arbeitern ihre Pässe abnimmt und sie wie Sklaven behandelt – kennt er diese Geschichte? Der türkische Präsident Erdoğan, der uns Lektionen in Toleranz erteilen will, während er selbst kurdische Muslime und Musliminnen zu Tausenden in wahren Kampagnen der ethnischen Säuberung massakriert – kennt er diese Geschichte?

Ich verstehe das nicht mehr: Tausende von Muslimen zu massakrieren, das ist nicht islamophob, aber Zeichnungen zu veröffentlichen, das soll islamophob sein? Das muss man mir schon erklären. Wissen sie, dass es in Wirklichkeit ihre Freunde von der *Muslimbruderschaft* waren, die Gott gelästert und karikiert haben?

Und ich habe eine Exklusivmeldung für den Präsidenten Erdoğan, denn er wirft Emmanuel Macron vor, die Veröffentlichung von *Charlie Hebdo* erlaubt zu haben: Wir legen unsere Karikaturen nicht erst dem Präsidenten der Republik vor, bevor wir sie veröffentlichen. Und selbst wenn er die Veröffentlichung hätte verhindern wollen, dann hätte er das nicht tun können, und kein Gericht wäre ihm darin gefolgt. So etwas nennt sich Pressefreiheit und Unabhängigkeit der Justiz – Konzepte, die, unglücklicherweise, in der Türkei Erdoğans nicht mehr hoch im Kurs stehen.

Doch die Maschine sollte ins Stocken geraten, besonders in Frankreich. Das Sandkorn sollte dabei nicht *Charlie Hebdo* heißen, sondern *France Soir* mit seinem Chefredakteur Jacques Lefranc, der in Solidarität mit den vom Tode bedrohten dänischen Zeichnern die Entscheidung traf, die berühmten Karikaturen erneut zu publizieren.[5] *France Soir* gehörte seinerzeit dem franko-ägyptischen Geschäftsmann Raymond Lakah, der dann Jacques Lefranc von heute auf morgen vor die Tür setzte. Das war zu viel. Und in Solidarität mit den Zeichnern sollte nun auch *Charlie Hebdo* diese Karikaturen am darauffolgenden 8. Februar 2006 veröffentlichen.

Haben die Kouachi-Brüder diese Karikaturen überhaupt wahrgenommen? Haben sie überhaupt erkannt, dass der Mohammed des Zeichners Cabu auf der Seite der Nicht-Islamisten stand, also auf der guten Seite, und zwar gerade weil er traurig darüber ist, von

5 Dies geschah am 1. Februar 2006. [A.d.Ü.]

„Dummköpfen“ geliebt zu werden, die nicht zufällig als „Islamisten“ gezeichnet wurden?

Sie wissen, was dann folgte. 2006 strengten die Große Moschee von Paris und der *Union des organisations islamiques de France* (UOIF) eine Einstweilige Verfügung[6] an, um die Veröffentlichung von *Charlie Hebdo* zu verbieten; diese wurde aber abgewiesen.

Erst 2007 kam es zum Hauptverfahren vor Gericht. Und wir haben es gewonnen. 2008 wurde diese Entscheidung vom Pariser Berufungsgericht bestätigt. Recht wurde also gesprochen, und zwar äußerst deutlich. Die Justiz hat uns geschützt, das Verfahren war auf juristischer Ebene beendet. Wir dachten damals, wir hätten gewonnen.

Es gibt noch ein letztes Element zu den Karikaturen, das interessant, aber wenig bekannt ist. Es betrifft das Motiv des Verbrechens. Denn der erste Prozess wegen der Karikaturen fand logischerweise in Dänemark ab dem Jahr 2006 statt, mit einem Richterspruch übrigens, der zu denselben Schlussfolgerungen wie die französische Justiz kam. Jedoch hat niemand darüber gesprochen. Es gab quasi kein Echo, nur ein paar Kurzmeldungen. Warum der Unterschied? Weil es nun in Frankreich geschah. Und weil es *Charlie Hebdo* betraf.

Weil Frankreich eine besondere Geschichte hat. Weil es das erste Land auf der Welt war, welches den Straftatbestand der Blasphemie abgeschafft hat. Weil es dieses Land war, das der Welt den Gedanken der freien

6 Im Original „référé d'heure à heure“, eine Form der Einstweiligen Verfügung, die besonders schnell entschieden werden muss.[A.d.Ü.]

Religionskritik gebracht hat. Und weil es *Charlie* ist, und weil wir eine besondere Geschichte haben, konnten wir gar nicht anders, als diesen Rechtsstreit voll und ganz anzunehmen und durchzufechten.

Also werde ich ihnen diese beiden Geschichten erzählen. Die der Blasphemie in Frankreich und die von *Charlie Hebdo*.

Die Geschichte der Blasphemie

Diese Geschichte beginnt im Jahre 1740, und der Zeichner Cabu ist ein Erbe dieser Geschichte. Cabu liebte es, Szenen aus Gerichtsprozessen zu zeichnen. Er müsste jetzt hier sein, an der Seite seiner Freunde und Freundinnen. Cabu karikierte schon immer alle Religionen – und die anderen Religionen weitaus härter als den Islam. Cabu karikierte wirklich alle Institutionen, vor allem die Armee.

All die gelehrten Kommentatoren sollten schon wissen, wovon sie sprechen. Ich wage es kaum, Ihnen zu erzählen, weshalb ich einmal an einem 14. Juli, dem Nationalfeiertag, ein Plädoyer in seiner Sache halten musste. Es war 1993, und Cabu hatte auf der Titelseite von *Charlie Hebdo* den Feldwebel Chanal gezeichnet, wie er die Hosen heruntergelassen hatte und ein Skelett bedrängte, das auf zwei Händen und zwei Füßen am Boden kniete; Inschrift: „Enthüllung: Der Unbekannte Soldat wurde vom Feldwebel Chanal gef…".

Was hätte man den alten Kämpfern sagen sollen, die diese veröffentlichte Karikatur am für sie heiligsten Tag ansehen mussten? Auch sie fühlten sich beleidigt, verletzt und angeprangert. Doch die Gerichte sagten ihnen, dass dies Ausdruck der Meinungsfreiheit, der Freiheit der Karikaturisten sei, und dass dies der französischen Tradition entspräche.

Wie hätte man ihnen erklärt, dass man über das, was ihnen das Wichtigste ist, herzhaft lachen darf, dass das aber nicht möglich sei, wenn es sich um eine Religion handle? Tatsächlich müsste man dann auf alle Karikaturen verzichten. Man müsste die Möglichkeit aufgeben, jegliche Art von Karikatur zu veröffentlichen, weil es immer Leute geben wird, die das verletzt.

Wie hätte man Cabu erklärt, dass er zwar dies zeichnen dürfe, aber keine Zeichnung über eine Religion? Cabu, dessen Blick ebenso freundlich war wie sein Federstrich bissig, war zuallererst Pazifist. Cabu war immer gut gelaunt, dank der Leute, die ihn umgaben. Dank Véronique zuallererst, dann dank der Leute bei *Charlie*, deren Zeitung er als sein Baby betrachtete, aber auch dank der wöchentlich erscheinenden Satirezeitung *Canard enchaîné* [Ente in Ketten]. Er war der Erbe einer langen Tradition und jene Tradition, die attackiert, gemordet, misshandelt wurde, ist es, die diesem Prozess seine umfassende Dimension verleiht, die bis ins 18. Jahrhundert zurückreicht.

Alles begann um 1740 mit Herrn Maupertuis. Dieser geniale Physiker, der die Quantenphysik eineinhalb Jahrhunderte im Voraus erfunden hat, vertrat die Ansicht, dass die Erde an ihren Polkappen abgeflacht sei – und nicht gänzlich rund, wie auch die Kirche inzwischen, entgegen ihrem Dogma, zugegeben hatte.

Also hatte sich Gott erneut geirrt. Die Wissenschaft hat gegenüber der Religion den Vorteil, dass sie etwas neu und anders beurteilen kann, ohne sich zu diskreditieren. Die Vernunft schreitet durch ihre Irrtümer voran, während der Glaube an seinen Irrungen und Wirrungen stirbt. Der Skandal um die abgeflachten Polkappen war enorm, und zwar so sehr, dass König Louis XV. zwei Expeditionen an beide Pole lossandte, um diese Kontroverse zu entscheiden. Mit einer dieser Expeditionen betraute er Maupertuis, der nach Lappland ging, dort seine Messungen vornahm und zu dem Schluss kam, dass die Erde nur teilweise rund sei. Ein harter Schlag für die Kirche.

Fünf Jahre später, ein weiteres Beispiel zur Untermauerung, versammelten sich rund zehn Männer. Sie hießen d'Alembert, Diderot, Rousseau ... Und sie entschieden sich dafür, Maupertuis' Methode auf alle menschlichen Tätigkeiten anzuwenden: auf die Literatur, auf die Wissenschaften, auf die Landwirtschaft, auf die Philosophie. Und ihr Werk sollte schließlich zur *Enzyklopädie*[7] führen, die sofort vom Papst wegen Häresie auf den Index gesetzt wurde. Sie hatten auf eine von Gott befreite Welt geblickt, sie betrachteten sie aus dem Blickwinkel der Vernunft – und alles sollte sich ändern. Die Welt sollte nie mehr dieselbe sein, es gab einen Paradigmenwechsel.

Innerhalb weniger Jahre sollte man von einer Gesellschaft, in der auf öffentlichen Plätzen Hinrichtungen in Form von Vierteilung stattfanden, übergehen zu Beccaria[8], der die Abschaffung der Todesstrafe forderte. Man sollte die Gleichheit zwischen Männern und

7 Zur *Encyclopédie ou Dictionnaire raisonné des sciences, des arts et des métiers*, erschienen 1751–1780. [A.d.Ü.]

8 Cesare Beccaria (1738–1794), italienischer Rechtsphilosoph, der sich für eine Strafrechtsreform einsetzte und Folter und Todesstrafe ablehnte. [A.d.Ü.]

Frauen fordern – vordem undenkbar.[9] Innerhalb weniger Jahre erhoben sich Stimmen, um die Gleichheit für jüdische Menschen und die Abschaffung der Sklaverei zu fordern. Die *Enzyklopädisten* haben die Welt und die bürgerlichen Werte verändert – die Arbeit, die Weitergabe von Wissen –, die dann die aristokratischen Werte – Ruhm durch Waffen und Elitedenken – ersetzen sollten.

Die Revolutionäre und Revolutionärinnen waren die Kinder der *Enzyklopädisten* und sie wussten, was sie diesen zu verdanken hatten. Als sie dann 1789 die *Erklärung der Menschen- und Bürgerrechte* proklamierten, sollten sie damit die Meinungsfreiheit heiligen und – zum ersten Mal in der Geschichte der Menschheit – erklären, dass sie eine Grundfreiheit darstelle, mit der wunderbaren Formel von Mirabeau, sie sei „eines der vornehmsten Rechte des Menschen“. Sie wussten, dass die Meinungsfreiheit die Mutter der Freiheit war, und dass ohne sie keine andere Freiheit existieren konnte.

Und im Jahre 1791 strichen die Revolutionäre das Verbrechen der Blasphemie aus dem Strafgesetzbuch.

Dennoch, 224 Jahre später, wurde Cabu ermordet, wegen Blasphemie! 1791 war auch das Jahr, in dem die Gleichstellung jüdischer Menschen verfügt wurde. Und so ist auch diese Frage hier wieder untrennbar mit der Frage der Meinungsfreiheit verbunden.

---

9 Die Schrift *Déclaration des droits de la femme et de la citoyenne* (1791) von Olympe des Gouges war eine solche Forderung in Reaktion auf die *Déclaration des droits de l'homme et du citoyen de 1789*, in der diese Rechte allein für mündige Bürger, also nicht für Frauen, galten. [A.d.Ü.]

Man musste ein weiteres Jahrhundert warten, bis man von der Proklamation zur Umsetzung voranschritt. 1881 gab es das umfassende Gesetz zur Pressefreiheit, ein Pfeiler unserer Republik, über das am 29. Juli abgestimmt worden ist.

Die Debatten wüteten damals im Parlament – und es fällt auf, wie sehr sich die Auseinandersetzungen auf dieselben Fragen wie heute konzentrierten. Es war, als existierte *Charlie Hebdo* bereits.

Die beiden umstrittensten Punkte waren die besondere Stellung der Zeichnung als solcher sowie die Frage der Beleidigung der Religion. Auf den ersten Punkt antwortete der parlamentarische Berichterstatter Eugène Lisbonne, dass es „nur willkürlich ist, einen Unterschied zwischen der Feder des Schriftstellers und dem Bleistift des Zeichners aufrechtzuerhalten".

Und was den zweiten Punkt betrifft, so war es Clemenceau[10], der in der Versammlung dem Bischof von Anger, der auf die Verletzung der empörten katholischen Gläubigen hinwies, antwortete: „Gott kann sich sehr gut selbst verteidigen; dafür braucht er nicht das Abgeordnetenhaus." Mit nahezu denselben Worten sollte ein Jahrhundert später der Mufti der Marseiller Moschee auf die Mohammed-Karikaturen antworten: „Ein Muslim, der glaubt, Gott sei nicht groß genug, um sich ganz allein zu verteidigen, ist ein Muslim, der die göttliche Allmacht anzweifelt, und somit kein guter Gläubiger." Das ist nicht allzu schwer zu begreifen.

10 George Clemenceau (1841–1929), französischer Ministerpräsident 1906–1909 und 1917–1920. [A.d.Ü.]

Gott kann sich ganz allein verteidigen gegen die armen Sterblichen, die wir doch sind; es ist nicht nötig, seine Geschöpfe auszulöschen.

Somit sehen Sie, Herr Vorsitzender, meine Damen und Herren des Gerichts, meine Dame und mein Herr von der Staatsanwaltschaft, dass wir keine Wahl haben. Wenn wir auf die freie Religionskritik, auf die Mohammed-Karikaturen verzichten würden, dann würden wir unsere Geschichte verleugnen, die *Enzyklopädie*, die Revolution und die umfassenden Gesetze der Dritten Republik, den kritischen Geist, die Vernunft; eine Welt, die durch menschliche Gesetze und nicht durch die Gesetze Gottes regiert wird. Es wäre der Verzicht auf die Lehre, dass der Mensch der Cousin des Affen ist und nicht etwa einem Traum entstammt, und auf die Lehre, dass die Erde nicht völlig rund ist. Es hieße, darauf zu verzichten, die Frau als dem Mann gleichberechtigt zu betrachten. Es wäre auch der Verzicht darauf, Homosexuelle nicht mit dem Tod zu bestrafen, nachdem sie grausam gequält worden sind – und ich betone hier, dass interessanterweise die 72 Länder der Welt, in denen die Homosexualität noch immer als Abscheulichkeit gilt, ungefähr dieselben sind, in denen auch die Blasphemie noch immer als Verbrechen gilt. Es wäre der Verzicht darauf, Charbs Theaterstück über die Islamophobie-Betrüger, die den Rassisten in die Hände spielen, aufzuführen. So wie wir darauf verzichtet haben, die Oper Mozarts, *Idomeneo*, oder die Tragödie von Voltaire, *Mahomet der Prophet*, zu spielen, weil die Angst gewonnen hatte. Die Autoren haben verstanden, dass die Islamisten, wenn sie ein Werk missbilligen, nicht nur das Werk, sondern auch den Autor des Werkes auslöschen wollen. Es wäre der Verzicht auf die nicht zu bändigende menschliche Freiheit zugunsten eines Lebens in Ketten.

Es wäre auch der Verzicht auf das wunderbare Recht, Gott zu verarschen! Doch so freundlich Cabu, der Zeichner, auch war: Das konnte er einfach nicht!

Das war *Charlie*. Das ist *Charlie*. Dort verzichtet man nicht. Niemals, niemals, niemals. Und das ist unser Recht, das von unseren Gerichten verbriefte Recht. Es ist ebenfalls durch die Rechtsprechung des Europäischen Gerichtshofs für Menschenrechte verankert. Sollten wir etwa auch darauf verzichten? Es ist immerhin das gemeinsame Band zwischen Hunderten von Millionen Europäern und Europäerinnen.

Doch genau das fordern von uns nun einige Intellektuelle Frankreichs.

Nehmen wir einen solchen „Urtypen": Emmanuel Todd. Sie wissen, das ist derjenige, der die vier Millionen Demonstrierenden des 11. Januar 2015[11] als Angehörige des „muffigen Frankreichs" der „Zombie-Katholiken" bezeichnet hat – und das auf der Basis demographischer Daten, die ebenso gefälscht waren wie die Karikaturen der dänischen Imame.[12]

---

11 An diesem Tag fanden in ganz Frankreich Solidaritätsdemonstrationen für die Opfer des Anschlags bei *Charlie Hebdo* statt, an denen Millionen Menschen teilnahmen. Dort wurde der Slogan „Je suis Charlie!" skandiert und weltweit bekannt. [A.d.Ü.]

12 Der Historiker, Anthropologe und Demograf Todd, behauptete, die an den Solidaritäts-Demonstrationen Teilnehmenden wären vor allem Angehörige der Eliten, Alte und ka-

Seine Argumentation, die für diese intellektuelle Strömung repräsentativ ist, lautet wie folgt: „Den Islam zu lästern bedeutet, die Schwachen der Gesellschaft, nämlich die Einwanderer, zu erniedrigen."

Nun, was sagt der Europäische Gerichtshof für Menschenrechte? Das Urteil *Otto Preminger Institut v. Austria* vom 20. September 1994 und alle weiteren Urteile, die seither gesprochen wurden, übernahmen dieselbe Formulierung. Der Gerichtshof sagt: „Diejenigen, die ihre Freiheit zur Religionsausübung praktizieren – ob sie dies als Mitglieder einer religiösen Mehrheit oder Minderheit tun –, können vernünftigerweise nicht erwarten, von jeglicher Kritik ausgenommen zu werden. Sie müssen Ablehnung tolerieren und akzeptieren … Und sogar die Verbreitung von Lehren durch Andere, die ihrem Glauben feindselig gegenüberstehen."

Und genau auf dieser Grundlage, sowie auf der Basis unserer Rechtsprechung konnten unsere Zeitschriften – es handelte sich hier um *La Grosse Bertha* [Die dicke Bertha] – eine Karikatur publizieren, in der ein Papst durch einen Transvestiten sodomisiert wird. Und das Gericht, das Pariser Strafgericht, und sogar das Kammergericht haben durch Beschluss vom 8. März 2001 festgestellt, dass das zur Freiheit der Karikaturen gehört. Wie also ist es möglich? Wie kann man nur auf die Idee kommen, dass solche Zeichnungen über

---

tholische Bürger gewesen. Die städtischen Intellektuellen würden mit ihrer Religionskritik auf arme Schichten zielen, diese hätten laut Todd die Attentate jedoch eher begrüßt. [A.d.Ü.]

das Christentum möglich sein sollen, aber keine den Islam betreffenden Karikaturen? Irgendwann ist der Punkt gekommen, an dem man es aussprechen muss, und ich sage es mit dem Wunsch nach Inklusion: Der Islam kann nicht die einzige Religion dieses Landes sein, die fordern darf, nicht kritisiert zu werden. Das ist nicht möglich. Es kann hier keine Sonderrechte für den Islam geben. Der Islam kann beleidigt werden, wie das Christentum, wie das Judentum und wie jede andere Religion. Das ist die Republik. Man kann den Islam nicht aus dem republikanischen Pakt herausnehmen. Das wäre das Schlimmste, das man ihm antun könnte. Und es würde nur Frustration und Unverständnis hervorbringen. Es wäre die erste Stufe hin zur Idolatrie und zum Fanatismus. Die Ideologen und dienstbaren Geister des Unglücks sollten mit ihren Bemühungen aufhören, den Eindruck zu erwecken, es gebe hier eine staatliche Diskriminierung; das ist nicht der Fall. Es gibt hier Gleichheit für alle – und es gibt dieselbe Behandlung für alle Religionen. Die Religionen können zum Objekt der Satire gemacht werden und – um hier die Worte von Salman Rushdie zu zitieren –, „unseren unerschrockenen Mangel an Respekt“ erfahren. Das ist etwas anderes als Emmanuel Todd.

Das ist auch etwas anderes als die Gedanken großer philosophischer Tragweite und unglaublicher geistig-spiritueller Höhe wie – halten Sie sich gut fest, Herr Gerichtspräsident – die von Papst Franziskus, der am 19. Januar 2015, elf Tage nach den Attentaten, folgenden berühmten Satz aussprach: „Wenn ein lieber Freund schlecht von meiner Mutter spricht, erwartet ihn ein Faustschlag, und das ist normal […] Man darf den Glauben der anderen nicht provozieren.“[13]

Doch wer provoziert hier wen? Wer beleidigt die Menschheit, durch Schüsse aus einer Kalaschnikow, durch eine Machete oder durch Enthauptung? Die Gläubigen! Noch nie in der Geschichte der Menschheit wurde jemals ein Verbrechen begangen, im Namen des Rechts, über Gott zu lachen. Die trauernden Mütter – das sind nicht die des Papstes. Die trauernden Mütter befinden sich in diesem Gerichtssaal. Wer tötet? Wer sperrt ein?

Während der Zeit dieses Prozesses wurde Asif Pervaiz, ein Pakistaner, der bereits seit sieben Jahren im Gefängnis sitzt, am 8. September 2020 zum Tode verurteilt, wegen Gotteslästerung per SMS. Am 17. September wurde in Bangladesch ein Hindu zu 7 Jahren Gefängnis verurteilt, für auf Facebook veröffentlichte Aussagen – man weiß nicht einmal mehr, welche. Ende August wurde Yahaya Sharif-Aminu, ein junger nigerianischer Sänger, 22 Jahre alt, ebenfalls in Haft, zum Tode verurteilt, weil er ein Lied über WhatsApp verbreitet hat. Und, wenn man ein bisschen weiter zurückgeht, Rimsha Masih, 14 Jahre alt, eine junge Christin mit einer geistigen Behinderung, die in Pakistan ver-

13 Der *Spiegel* gab den Anfang der Äußerung in einer etwas anderen Fassung wieder: „Wenn Dr. Gasbarri, mein lieber Freund, meine Mutter beleidigt…“. In französischen Medien wird der Papst weiter zitiert: „On ne peut provoquer, on ne peut insulter la foi des autres, on ne peut la tourner en dérision!“ (Man darf den Glauben anderer nicht provozieren, beleidigen oder verspotten!) [A.d.Ü.]

haftet wurde, weil sie eine Seite eines religiösen Buches zerrissen hatte. Das Problem war, dass sie nicht einmal lesen konnte, also nicht einmal wusste, was sie da zerriss.

Fatima Naoot, ägyptische Dichterin: drei Jahre Gefängnis für ihre Kritik an Tieropfern. Das ist das Ergebnis einer Gesellschaft ohne die Freiheit, Gott zu kritisieren. Man kann nicht einmal mehr die rituelle Schlachtung kritisieren.

Der jordanische Journalist Nahed Attar wurde auf der Straße erschossen, nur weil er eine Karikatur geteilt hatte. Das erinnerte mich natürlich an den noch weiter zurückliegenden Anschlag auf Nagib Machfus, den Literaturnobelpreisträger, der [1994] auf einer Straße Kairos Messerstiche in den Hals erlitt und nur knapp überlebte, und an Sadiq Mallalah, der [1992] in Saudi-Arabien wegen Blasphemie enthauptet wurde. Und dabei habe ich von Asia Bibi noch gar nicht gesprochen, die zum Tode verurteilt wurde, weil sie von einem Brunnen getrunken hatte, der für Muslime reserviert war.

Aber das Verrückteste ist, dass am 25. September 2020, dem Tag des Attentats mit dem Beil in der rue Nicolas-Appert, Imran Khan, der Premierminister Pakistans – dieses wundervollen Landes, das Kinder von 14 Jahren wegen Blasphemie verurteilt –, sich bei einer Rede vor der UN über die Islamophobie von *Charlie Hebdo* und der ganzen Welt beschwert hat, ohne jede diplomatische Antwort Frankreichs übrigens. Das ist geradezu krankhafte Hysterie.

Ja, wir müssen Mut beweisen, um dafür zu sorgen, dass unsere Kinder nicht in einer Welt der Kouachis, der Coulibalys oder der Imran Khans leben. Die Freiheit der Kritik der Gedanken und der Glaubensbekenntnisse, das ist der Riegel, der das Monster des Totalitarismus in seinem Käfig hält. Was die Menschheit befleckt, was Gott beleidigt, falls es ihn gibt, das sind nicht unsere Karikaturen, sondern das ist der Mord an Unschuldigen; das sind die Stammtischreden des Papstes; das sind die paranoiden Wahnvorstellungen eines pakistanischen Premierministers; das ist die Abwesenheit jeglichen Zweifels, die den Fanatismus charakterisiert; das ist dieses mächtige Gift für den Geist, das der Opferideologie; das ist die berühmte Doppelmoral oder der wohlfeile Vorwurf der „Islamophobie", dort, wo in Wirklichkeit das Recht für alle gleichermaßen gilt.

Dieses Gift prägt den Geist der Ablehnung des *Anderen* und den Geist der Gewalt. Was die Menschheit in den Schmutz zieht, das ist die Dummheit dieser Kommentare, dieser Artikel, dieser Meinungsäußerungen, die einem einreden wollen, es sei verantwortungsbewusst, auf Islam-Karikaturen zu verzichten, um den Islam zu einer Ausnahme-Religion zu machen.

Das Problem liegt darin, dass wir nie Karikaturen über den Islam oder eine andere Religion veröffentlicht haben. Alle Karikaturen, die veröffentlicht wurden und die für Diskussionen gesorgt haben, sind entstanden anlässlich gewalttätiger fundamentalistischer Ausschreitungen oder wegen des Einbrechens des Religiösen in die Politik.

Das war bei den dänischen Karikaturen der Fall. Das war der Fall bei den Karikaturen, die der Lehrer Samuel Paty seiner Klasse gezeigt hatte. Dies war auch der Fall bei den Karikaturen gegen die Kirche, als 1993 das Falloux-Gesetz reformiert wurde.

Jedes Mal wurde dabei der religiöse Fanatismus kritisiert, nicht die Religion an sich. Doch das hat seinen Preis. Anders gesagt: Was man von uns verlangt, das ist, das Recht aufzugeben, uns über den Fanatismus lustig zu machen. Doch dieses Recht können wir nicht aufgeben. Das würde bedeuten, den Fehler zu belohnen, die Täuschung zu ehren und die Niedertracht zu feiern.

Das können wir nicht, weil wir *Charlie* sind und weil wir eine besondere Geschichte haben.

Die Geschichte von *Charlie Hebdo*

Diese Geschichte ist auch die Geschichte von Georges Wolinski. Alle kannten diesen genialen Pressekarikaturisten, doch er war auch ein großer Autor von Graphic Novels. So hat er das Szenario für *Paulette* geschrieben, jenes Meisterwerk der erotischen Graphic Novel, das vom berühmten Georges Pichard illustriert worden ist – noch ein Buch, das die Kouachi-Brüder mit Sicherheit nicht gelesen haben.

Er war, wie die anderen bei *Charlie Hebdo*, ein fröhlicher, außergewöhnlich sanfter Mensch mit einem Hauch von Melancholie – und auch ein Liebender. Es war bewegend, seine Liebesbeziehung mit Maryse zu beobachten. Er war außerdem einer der Gründer von *Charlie*, diesem unglaublichen Abenteuer einiger sich frei bewegender Geister, Nonkonformisten, denen es schließlich gelang, ein Stück französischer Geschichte zu schreiben, obwohl sie die letzten waren, die den Ehrgeiz dazu gehabt hätten. Wie konnte es hier ausgerechnet die am wenigsten Konsensfähigen, die Einsamsten, die Abgedrehtesten und Desorganisiertesten treffen? Falls Gott existiert, dann kann er nicht ohne Sinn für Humor und eine „heilige“ Ironie sein.

Im Jahr 1960, in dem von General de Gaulle in ein Korsett gezwängten Frankreich, hatten sich der humoristische Zeichner Cavanna und Professor Choron getroffen und beschlossen, eine genreübergreifende

Zeitung zu gründen, die zunächst aus Zeichnungen bestehen sollte. Es sollte eine gesellschaftskritische Zeitung werden. Daraus wurde *Hara Kiri*, mit dem Untertitel: „Wenn du das nicht kaufen kannst, stiehl es." Im selben Jahr stieß Cabu zu ihnen, danach Gébé, Topor, Wolinski, Reiser. 1970 wurde die Zeitung verboten – Sie kennen diese Geschichte. Am 1. November 1970 verursachte ein Brand in einer Diskothek den Tod von 146 Personen; und am 9. November starb General de Gaulle. Am 16. November titelte *Hara Kiri* „Tragischer Ball in Colombey – 1 Toter". Darüber konnte der damalige Innenminister Raymond Marcellin partout nicht lachen, der, mittels einer ganzen Reihe von Maßnahmen, die Zeitschrift *Hara Kiri* verbot. Es existierte damals schon eine Publikation, eine Monatszeitung, die *Charlie Mensuel* hieß – eine Referenz an Charlie Brown und die *Peanuts*. Charlie – Charles, das kam wie gerufen. Choron und Cavanna schufen daraus dann einen wöchentlich erscheinenden Ableger, aus dem *Charlie Hebdo* werden sollte.

Anders gesagt: Diese Zeitung entstand aus der Zensur ihrer Vorgängerin. Und ihr erstes Titelbild war ... der Kritik an der Zensur in Frankreich gewidmet. Dieser Ansatz ist sozusagen die DNA dieser Zeitung, sie kann darauf nicht verzichten.

Im Jahr 1975 war sie die am meisten verkaufte Wochenzeitung Frankreichs. Coluche kam 1979 dazu und *Charlie Hebdo* begleitete dessen Präsidentschaftskampagne.[14]

---

14 Der Schauspieler Coluche (z. B. *Brust oder Keule*, 1976) hatte sich 1979 als Kandidat für die Präsidentschaftswahlen

Im Jahr 1981 errang die Linke die Macht in Frankreich – und alles änderte sich. Die Zeit der Grenzüberschreitung war vorbei. Wahrscheinlich hatte die Zeitung es versäumt, sich neu zu erfinden. Sie verfiel – und Sie erinnern sich sicher an ihre Beerdigung in der berühmten Kultsendung *Droit de réponse* [Recht auf Antwort] von Michel Polac, in deren Verlauf eine Menge Beleidigungen ausgetauscht worden sind.

Zehn Jahre Unterbrechung.

1992 wagte man unter der Leitung von Philippe Val, Cabu, Wolinski, Gébé, Cavanna und des Chansonniers Renaud eine Wiederbelebung der Zeitung *Charlie Hebdo*.

Ich erinnere mich, wie ich, 23 Jahre alt – wahrscheinlich ziemlich schlecht – die Satzung der Verlagsgesellschaft dieser Zeitung entworfen habe, die sie dann – traurige Ironie der Geschichte –, „Gesellschaft Kalaschnikow" genannt haben. Die Zeitung wurde zur Talentschmiede; in ihr trafen sich Alte und Neue: Siné, Joann Sfar, Jul, Riad Sattouf, Catherine Meurisse, Fourest, Corcuff, Polac, Cavanna, Gébé. All jene eben, von denen Sie während dieser Anhörung gehört haben – und viele andere, bei denen ich mich entschuldige, sie hier nicht genannt zu haben.

Es gab weitere Krisen, Brüche, Psychodramen, an viele kann ich mich nicht erinnern. Doch es gab immer

---

im März 1981 aufstellen lassen. Umfragen prognostizierten ihm zwischenzeitlich bis zu 16 % der Stimmen. Nach massivem Druck (u. a. Morddrohungen) verzichtete auf seine Kandidatur. [A.d.Ü.]

den Konsens, dass die Religionskritik nicht zur Diskussion steht. Ich betone: Kritik der Religionen, nicht der Menschen aufgrund ihrer Religion. Das ist der springende Punkt.

Noch einmal ist diese Zeitung unverzichtbar geworden, als im Jahr 2006 die Karikaturen veröffentlicht wurden. Ich werde auf die Zeit unmittelbar danach zurückkommen, als sich alles verschlimmert hat.

Und dann, im Jahr 2015, ereignete sich das Attentat. Aber dem Attentat zum Trotz bleibt diese Zeitung der Spielverderber in einer Zeit, von der wir vermutlich nicht gemerkt haben, dass sie sich verändert hat. Eine Epoche, in der das Lachen wieder zu einem Sakrileg geworden ist.

Diese Erfahrung lässt mich wütend an das Buch von Umberto Eco, *Der Name der Rose*, sowie an den gleichnamigen Film denken. Die Geschichte nimmt eine historische Tatsache als Ausgangspunkt. Wir befinden uns im Jahre 335 vor Christus. Aristoteles schreibt seine Abhandlung über die Dichtkunst, die *Poetik*. Der erste Band war der Tragödie gewidmet, er ist uns erhalten geblieben. Der zweite Band war dem Lachen gewidmet, doch dieser Band ist im Laufe der Geschichte verloren gegangen.

Und Umberto Eco greift diesen Sachverhalt auf und denkt sich die Geschichte aus, dass diese zweite Abhandlung mitten in der Zeit der Inquisition wiedergefunden wird und, vor Blicken geschützt, in einem Kloster Norditaliens aufbewahrt wird. Ein Mönch entdeckt die Abhandlung und versteht, dass das Lachen ein solch wertvolles Instrument der Wahrheit und der Freiheit ist, ein Instrument zur Bekämpfung von Fanatismus, dass die Abhandlung das Gefährlichste ist, das existiert. Also vergiftet er die Ränder der Buchseiten, damit jede Person, die in den Band hineinsieht und darin blättert, stirbt.

Man hat den Eindruck, dass diese Geschichte sich ewig wiederholt. Aber trotz dieser Toten, trotz all des Leids, von dem sie im Laufe dieser Anhörung gehört haben, hält diese Zeitung das Lachen weiterhin am Leben. Diese Zeitung lebt in einem Bunker, aber sie lebt. Sie lebt gemeinsam mit den Journalisten, die nicht mehr gefahrlos an der Seite ihrer Frau oder ihrer Kinder auf der Straße gehen können, aber sie lebt. Sie lebt umgeben von Polizei, aber sie lebt. Sie lebt mit ihren Verlorenen und ihren Verletzten. Sie lebt unter den Drohungen von *al-Qaida*, des Islamischen Staats, von Pakistan, dem Iran, der Türkei Erdoğans – der nicht daran denkt, von einer Beleidigung der Religion zu sprechen, wenn er die Hagia Sophia in Istanbul in eine Moschee umwandelt. Diese Zeitung lebt unter Tausenden von Schwierigkeiten, die Sie sich gar nicht vorstellen können. Sie lebt auch nach dem Jahr 2015 noch, über das ich nicht sprechen kann, da es so schmerzvoll war, aber Riss hat dies in seinem Buch getan. Sie lebt dank ihrer Leser und Leserinnen und all jenen, die uns geholfen haben. Sie lebt dank dieser wundervollen Banalität des Guten. Sie lebt – und nicht mehr in Angst. Und selbst wenn wir alle verschwinden sollten, selbst wenn diese Zeitung verschwinden sollte – nun ja, sie würde immer noch leben. Das ist es, was diese Terroristen nicht verstehen. Diese winzige Zeitung, von 20 Leuten gemacht, wurde gegen ihren Willen in den Strudel der Geschichte gerissen und sie ist zu einem Symbol geworden. Sie verkörpert eine Idee und wird nicht sterben. Niemals. Man kann eine Idee nicht zerstören.

Und schließlich lebt sie dank der Überlebenden, dank der Familien derer, die nicht mehr sind, die in diesen Zeugenstand getreten sind und uns eine Lektion in Sachen Würde erteilt haben. Alle haben mit ihren Worten von ihrem Verlust und ihrer Liebe gesprochen, von ihren Erinnerungen und dem Schmerz, von den Kämpfen und der Traurigkeit, von den Revolten und der Zärtlichkeit. Sie haben eine wunderbare Hymne an das Leben geschaffen, und das ist die schönste Würdigung, die man denen erweisen kann, die nicht mehr sind. Sie sind Würde im Angesicht der Obszönität.

Man kann eine Idee nicht zerstören, aber man hat Elsa Cayat getötet. Unglücklicherweise kann ich nicht selbst von ihr erzählen, da ich sie nicht kannte. Sie war erst vor kurzer Zeit zu *Charlie* gekommen.

Aber ich kann Ihnen von Honoré berichten, dem Künstler der Gruppe. Er hat ein eigenes Genre geschaffen, eine ihm eigene Technik. Er hat eine Form zu zeichnen erfunden; er spielte mit den Worten wie mit den Formen. Er war ein poetischer Zeichner, sehr engagiert, und das offensichtlich zugunsten der Schwächsten, der Zerbrechlichsten. Sollte, wer auch immer, auf die alberne Idee kommen, die Bombardements der internationalen Koalition in Syrien seien ein Rechtfertigungsgrund für die Attentate, dann möchte ich zunächst klarstellen, dass Honoré selbst niemanden bombardiert hat. Man kann nicht einfach behaupten – wie das manchmal während der Anhörungen anklang –, dass die Attentate wegen der Bombardements in Syrien stattgefunden haben. Es gibt keine Rechtfertigung für den Mord an Unschuldigen. Es gibt nur den ewigen Krieg der Barbarei gegen die Zivilisation, und es gibt kein zivilgesellschaftlich akzeptables Motiv für diesen Krieg. Es sind nicht unsere Zeichnungen, die schuldig sind. Es ist die Barbarei. Und die Attentate in Österreich, in Mosambik und in Nigeria belegen das deutlich.

Die Angeklagten

Diese Gedanken über die Strategie der Verteidigung, die während dieser Anhörung deutlich geworden ist, führen mich dazu, hier einige Augenblicke zu verweilen. Ich habe bereits gesagt, dass ich nicht hier bin, um anzuklagen und ich werde das auch nicht tun. Dennoch drängen sich drei Beobachtungen auf.

Erste Beobachtung: In einem Prozess, bei dem es um Verbrechen geht, die unter den Rufen „Allahu akbar! [Gott ist am größten!] Wir haben den Propheten gerächt!“ begangen wurden, ist es ziemlich seltsam, *uns* – wie das geschehen ist – vorzuwerfen, dass wir von Religion reden oder dass wir zu viel von Religion reden. Es ist, als würden Sie einen Drogenhändler vor Gericht stellen, der ihnen verbietet, von seiner Ware zu reden.

Das ergibt keinen Sinn.

Aber wer zwingt uns dazu, von der Religion zu sprechen? Wir würden gern darauf verzichten, und es ist uns nicht wohl dabei, davon reden zu müssen. Aber die Opfer sind im Namen des Propheten getötet worden, was also sollen wir machen?

Dieses Argument klingt zudem unangenehm in meinen Ohren. Es drückt den Willen aus, durch ständige Schuldzuweisung und Einnahme der Opferrolle die Verleugnung der Realität durchzusetzen. Einfach ausgedrückt: Man tötet dich im Namen der Religion, aber du bist es, der beschuldigt wird, von der Religion zu reden. Doch das wird von nun an nicht mehr gehen; das läuft nicht mehr, das ist zu viel. Wir werden die Rollen der Henker und der Opfer nicht vertauschen.

Die zweite Beobachtung betrifft die Nebelwand, die aufgebaut wurde, eine mögliche Verantwortung der Polizei betreffend. Ich kann nicht sagen, ob die Polizei *Charlie Hebdo* eher gut oder eher schlecht geschützt hat. Einige Dinge bleiben mir im Halse stecken, wie jenes Flugblatt der Polizeigewerkschaft *Alliance* aus dem Jahr 2013, in dem die Schutzmaßnahmen für *Charlie Hebdo* im Text als inakzeptabel – mit drei Ausrufezeichen – charakterisiert wurden. Was ich jedoch mit Sicherheit weiß, ist, dass kein Polizist den Abzug betätigt hat und dass es nicht die Polizei war, die Waffen, kugelsichere Westen und das Geld für die Durchführung der Attentate zur Verfügung gestellt hat. Das wäre dann ein anderer Prozess, und man kann nicht die Verantwortung dadurch verwischen, indem man in einem Ablenkungsversuch mangelnde Schutzmaßnahmen anführt. Wenn es Sicherheitslücken gegeben haben sollte, dann müsste der Staat dafür verantwortlich gemacht werden. Und das wäre ein anderer Prozess.

Eine solche Ablenkung täuscht hier niemanden.

Dritte und letzte Beobachtung: Ich sage hier nichts zur Schuld der Angeklagten, aber für mich gibt es in dieser Sache ein Verbrechen, das nirgendwo im Strafgesetzbuch auftaucht, dessen sich aber zumindest alle Personen, die Coulibaly gekannt haben, schuldig gemacht haben: das Verbrechen der Gleichgültigkeit; das Verbrechen der aktiven Nachsicht.

Coulibaly war ein Straftäter, der gerade aus dem Gefängnis entlassen worden war. Er war bereits wegen Terrorismus verurteilt worden. Er war sehr gewalttätig und gefährlich. Zahlreiche Angeklagte und Zeugen haben das ausgesagt. Coulibaly erzählt jedem, der es hören will, von der Verfolgung der Muslime auf der Welt, das ist typisch für ihn. Er spricht von Palästina und den Zionisten, das ist typisch für ihn. Vor allem ist er zwanghaft antisemitisch. Man wacht jedoch nicht eines Morgens auf und sagt: „Ich werde Juden töten". Das hat sich lange entwickelt, es war eine Besessenheit. Und für diese offensichtliche Besessenheit haben wir Beweise in den Akten. Da ist zum Beispiel die Episode mit dem Mini-Cooper.[15] Bei der kleinsten Verärgerung, wenn Coulibaly beleidigt ist, kommt der folgende Satz: „Ich werde diesen jüdischen Hurensohn töten." Wenn man das instinktiv sagen kann, dann sagt man es ständig, man versteckt sich nicht. Man ist stolz darauf, man sieht nicht, wo hier ein Problem sein soll. Gespräche mit ihm müssen voll von solchen Äußerungen gewesen sein.

Außerdem kommt in dieser Akte eine sonderbare Stimmung zum Ausdruck. Aus der Akte erfährt man, dass im Gefängnis Abu Bakr al-Baghdadi, der „Kalif" des *Islamischen Staates*, als Messias angesehen wurde, und dass die Religion das Gemüt beruhigt. All das haben sie uns gesagt. Die Religion beruhigte jedoch keineswegs soweit, dass sie sich nicht mehr dem

15 Coulibaly fühlte sich beim Ankauf eines Mini-Coopers, den er dann gegen Waffen eingetauscht hat, übervorteilt. [A.d.Ü.]

Drogenhandel und Betrügereien hingaben oder Frauen nicht aus geringstem Anlass geschlagen hätten. Vielleicht sollten sie mal ihr Kuscheltier wechseln. Und dann gab es da noch die religiösen Versammlungen, die „Ermahnungen zur Religion“, auf denen man sagte: „Die Juden sind die Feinde des Islams.“ Das hat uns die Ex-Frau eines der Angeklagten berichtet. Und dann all der weitere Unsinn, den man uns erzählt hat. Einige haben sogar versucht, uns weiszumachen: „Im Gefängnis spricht man nicht über Religion.“ Es sei sogar eher ein Ort der Deradikalisierung. Ja, klar …

Einer der Angeklagten hat sich auch durch seine geografischen Kenntnisse hervorgetan. Jedes Mal, wenn man ihn fragte, ob er nach Syrien gegangen sei, hat er uns geantwortet: „Nein, ich bin nach Damaskus gegangen.“ Nun gut, aber Damaskus ist nicht gerade die Hauptstadt Schwedens.

Aus all dem können wir nur schließen, dass mit einem winzigen bisschen Moral, Vorsicht und Intelligenz alle Warnlampen hätten rot aufleuchten müssen, was diejenigen betrifft, die hier mit auf der Anklagebank sitzen und die Coulibaly gekannt haben. Doch, doch, ein wenig Moral haben sie. Aber sie haben sich für eine prähistorische Moral entschieden: „Man verrät niemanden“; und das ist eine eherne Moral, unantastbar. Warum haben ihre Prinzipien sie nicht dazu gebracht, darauf zu verzichten, einen Straftäter zu unterstützen, der wegen Terrorismus verfolgt worden, extrem gefährlich und offenkundig antisemitisch war?

Aber Umsicht zeigen sie. Bei der kleinsten Warnung werfen sie ihr Telefon weg.

Und intelligent sind sie. Der Hauptangeklagte benutzte den Präsens des Konjunktivs und er hat das Gedächtnis eines Elefanten. Er argumentiert auf leicht verständliche Weise. Er kennt jeden Absatz seiner Akte. Und er sieht alle Schlupflöcher. Über einen anderen Angeklagten hat man uns gesagt, er habe eine überdurchschnittliche Intelligenz. Und ein dritter Angeklagter ist so intelligent, dass er es immer und überall zeigen muss. Er ist schlagfertig, seine Antworten kommen wie aus der Pistole geschossen, er ist ein Verführer und er liebt es, schöne Worte zu formulieren.

Sie haben ihre eigene Moral, eine Moral, die ihren Interessen entspricht, sie sind vorsichtig, sie sind intelligent. Das macht es umso unverzeihlicher, die Freunde von Coulibaly gewesen zu sein, ihm geholfen zu haben und die Augen davor verschlossen zu haben, wer er war und was sie da eigentlich selbst taten. Die Wahrheit hat uns einer der Angeklagten genannt: „Man stellt sich keine Fragen."

Nein, Fragen wollten sie sich keine stellen. Doch dann gibt es einen Augenblick, an dem es sehr wohl zum Problem wird, sich keine Fragen zu stellen. Vor allem dann, wenn Gleichgültigkeit zum bestimmenden Faktor wird.

Die in die Glut geblasen haben

Ohne die Nachsicht des Umfeldes, der Freunde, der Familien, wie viele Tote hätten vermieden werden können? Vielleicht wären dann Bernard Maris und Tignous noch unter uns.

Ich nenne sie gemeinsam, denn es ist das letzte Bild, das ich von den beiden habe, so wie es uns geschildert wurde: am Redaktionstisch stehend, heftig über den Roman *Unterwerfung* von Michel Houellebecq debattierend, und über die Wurzeln des Terrorismus streitend. Tignous führte soziale Ursachen an, die Maris ablehnte. Genau in diesem Augenblick kam der Terror, über den sie sprachen, über sie.

Etwas anderes verband sie, das war ihre Freundlichkeit, und das ist eine schöne Eigenschaft. Maris träumte davon, als Schriftsteller bekannt zu werden; ihm blieb nicht die Zeit dafür. Tignous hatte ein wunderbares Album mit Zeichnungen vom Prozess gegen Ivan Colonna[16] veröffentlicht, war Mitglied der Gerichtspresse, auch er hatte sein Talent als genialer Grafiker noch nicht umfassend ergründen können.

So wie alle anderen war auch Tignous Teil der sozialen, antirassistischen Bewegung und der Bewegung

---

16 Korsisch-nationalistischer Kämpfer, der wegen der Ermordung des Präfekten des *Départements Corse du Sud*, Claude Érignac, zu lebenslanger Haft verurteilt worden ist. [A.d.Ü.]

für die Solidarität mit den Ärmsten der Armen … Sie alle lebten ihr Engagement.

Sie haben beide die Verschlechterung der Situation für *Charlie* zwischen 2006 und 2015 miterlebt, die unweigerlich zum Attentat geführt hat.

Die Lunte dieses Attentat wurde von den dänischen Imamen 2006 entzündet. Aber diese Lunte war äußerst lang; sie brannte fast zehn Jahre lang und in dieser Zeit haben viele auf sie gepustet – nicht um sie zu löschen, sondern um sie am Brennen zu halten. Um sie zu nähren, um ihr Sauerstoff zuzuführen. Es ist die Chronik einer geistigen Komplizenschaft – oder nein: In einem Gerichtssaal ist der Begriff der Komplizenschaft unpassend. Aber die Begriffe Zynismus und fauler Kompromiss sind passend.

Neun Jahre lang, von 2006 bis 2015, haben die verwöhnten Kinder der Republik nicht damit aufgehört, uns vorzuwerfen, dass wir von unseren Rechten Gebrauch machen – von Rechten, die wir der Kirche und dem Staat abgerungen hatten. So haben sie nach Argumenten suchen müssen. Sie konnten schlecht sagen: „Zurück zum Blasphemie-Verbot!" So kamen sie auf das Argument von Emmanuel Todd: „Sie demütigen die sozial benachteiligten Bevölkerungsgruppen." Nur, dass dieses Argument der Demütigung eine Zeitbombe war, deren Detonationswelle weit über *Charlie Hebdo* hinaus zu spüren war. Dieses Argument ist dabei, unsere ganze Gesellschaft zu spalten und die Menschen in Fanatiker zu verwandeln. Dieses Gefühl der Demütigung beunruhigte 1955 bereits Claude Lévi-Strauss in seinem Buch *Tristes Tropiques* [Traurige Tropen], denn er erblickte darin den Wunsch nach der „Auslöschung des Anderen“. Und wieder das Problem des *Anderen*, wieder der *Andere*.

Dieses Gefühl haben einige von uns genüsslich genährt. Ich spreche hier nicht davon mit dem Ziel, eine Rechnung zu begleichen, sondern um zum Nachdenken anzuregen, damit sich dies nicht wiederholt. Auch dazu soll dieser Prozess dienen.

Erinnern wir uns daran, was Farid Benyettou, schon wieder er, gesagt hat: „Es gab bei den Muslimbrüdern immer eine Bereitschaft zu sagen, dass die Leute etwas gegen den Islam haben.“ Diese Falle der Schuldzuweisung hat perfekt funktioniert.

Wer also hat ein wenig oder viel oder sogar mit Leidenschaft auf die Lunte geblasen und sie so am Brennen gehalten?

Das alles ist in drei großen Schritten umgesetzt worden. Der erste Schritt bestand in der Veröffentlichung der dänischen Karikaturen; wir befinden uns noch im Jahr 2006. Ich habe Ihnen gegenüber bereits von Jacques Chirac gesprochen, der damals Präsident der Republik war. Doch es war sein damaliger Premierminister, Dominique de Villepin, der am 3. Februar 2006 auf einer Pressekonferenz in Troyes sagte: „Man muss selbstverständlich all das vermeiden, was unnötigerweise verletzt, und dies ganz besonders im Bereich der religiösen Überzeugungen.“ Er forderte eine Version der Karikaturen ein, die eben freundlich sein müssten.

Dann war da Pascal Clément, der damalige Justizminister, der ebenfalls am 3. Februar 2006 auf RTL als

Antwort auf die Eilmeldung der Nachrichtenagentur AFP zur Veröffentlichung der Karikaturen in *Charlie Hebdo* verkündete: „Man muss sich darüber im Klaren sein, dass wir, als katholisches Land, an so etwas gewöhnt sind, man aber vielleicht zugeben muss, dass diejenigen, die aus dem muslimischen Kulturkreis kommen, es nicht sind, und sie das tiefgehend schockiert."

Das wiederholt die These, nach der Muslime keinen Humor haben, dass sie keinen Abstand zu sich selbst einnehmen können, dass sie es nicht verstehen können; dass man sie also wie Kinder behandeln muss. Wer ist hier rassistisch? Wir sind es jedenfalls nicht, und unsere Zeichnungen sind es auch nicht, sondern es sind genau diese Diskurse, die rassistisch sind.

Philippe Douste-Blazy, der Außenminister, sagte am selben Tag im Fernsehsender LCI: „Es ist nicht normal, eine ganze Religion als eine extremistische, gar terroristische Bewegung zu karikieren."

Und Jean-Marie Le Pen, der Präsident des *Front National*, meinte am 2. Februar 2006: „Die Gläubigen haben das Recht, dass ihr Glaube respektiert wird, ob sie Muslime, Juden oder Christen sind." Nein, Herr Le Pen, dieses Recht haben sie nicht – da müssen Sie schon zurück an die Universität und nochmal Jura studieren.

Renaud Donnedieu de Vabres, der Minister für Kultur und Kommunikation, kommentierte: „Ich meine, es ist auch die Pflicht dieser Tageszeitung [*France Soir*][17]

17 Auch der *France Soir* hatte die Karikaturen wieder abgedruckt. Vgl. S. 29. [A.d.Ü.]

die religiösen und philosophischen Überzeugungen unserer Mitbürger zu respektieren.“ Auch hier: Nein, Herr Donnedieu de Vabres, von dem man mit Blick auf seine Funktionen wenigstens hätte denken können, dass er die Meinungsfreiheit zu schützen versucht.

Glaubensrichtungen können niemals Respekt einfordern. Nur Menschen haben ein Recht darauf. Kein Glaube, keine Idee, keine Meinung kann fordern, dass über sie nicht diskutiert wird, dass sie nicht kritisiert, dass sie nicht karikiert wird.

Denn sonst würden wir nur noch akzeptieren, unter Menschen zu leben, die dasselbe denken. Und jede Diskussion, jede Kontroverse würde als „beleidigend“ eingeschätzt werden. Das wäre der Weg des Obskurantismus. Doch die Ideen müssen einander gegenübergestellt werden, sie müssen diskutiert werden.

Élisabeth Guigou, die ehemalige Justizministerin, meinte am 3. Februar 2006: „Es ist abscheulich, den Islam mit Terrorismus gleichzusetzen. Die Vermischung ist völlig unzulässig, und ich verstehe, dass das die Muslime schockiert und verletzt, denn der Islam ist eine Friedensreligion.“

Eine Friedensreligion? Dann darf man Koran und Thora wirklich nie gelesen haben, um zu der Auffassung zu gelangen, es handle sich um Religionen des Friedens und der Liebe. Sie denken sich tausend Qualen aus für diejenigen, die vom Weg abweichen; Drohungen, Strafen, Raffinessen, eine grausamer als die andere, um die zum Tode Verurteilten hinzurichten. Es sind keine Texte des Friedens und der Liebe.

Um ehrlich zu sein, einzig das Neue Testament ist das. Doch das Problem liegt darin, dass die katholische Religion noch mehr Tote verursacht hat als all die anderen. Die Bartholomäus-Nacht hat 3000 Tote gekostet – in einer einzigen Pariser Nacht. Dieses ganze Gerichtsgebäude hier würde nicht ausreichen, um den Prozess dafür abzuhalten. In ganz Frankreich gab es 30.000 Tote in dieser Bartholomäus-Nacht. Die Kreuzzüge und die Inquisition belaufen sich auf Millionen von Toten. Und um auf den Islam der Gegenwart zurückzukommen: 200.000 Tote im schwarzen Jahrzehnt Algeriens,[18] 400.000 Tote in Syrien, massakrierte Jesiden …

Nein, die Religionen bestehen nicht nur aus Frieden und Liebe – sie sind das, was die Menschen daraus machen.

Diese „Prosa“ von Frau Guigou, das ist die Ursünde. Sie bedeutet die Weigerung, den obskuren Teil ihres Selbst wahrzunehmen; den Willen, sich selbst zu belügen, in dieser Finsternis zu versinken, sie auf jeden Fall zu nähren.

Die Religionen haben der Menschheit eine Ordnung gebracht, indem sie ihr eine Moral gegeben haben, aber sie können gleichzeitig auch zum Schlimmsten führen.

Fahren wir fort. Marielle de Sarnez: „Laizismus – das bedeutet auch, Gefühlsverletzungen zu vermeiden.“ Nun, wenn es so wäre, dann hätte bereits das Ge-

18 So werden in Algerien die 1990er-Jahre des Bürgerkriegs bezeichnet. [A.d.Ü.]

setz von 1905[19] entsprechend feinfühlig sein müssen. Ich erinnere aber daran, dass man in jener Zeit die Armee gegen widerspenstige Priester eingesetzt hat.

Die Organisation *Mouvement contre le racisme et pour l'amitié entre les peuples* (MRAP)[20] hat die grassierende Islamophobie bei *Charlie Hebdo* angeprangert. Doch wenigstens sind einige ihrer Mitglieder heute hier und ich bedanke mich bei ihnen dafür. Das lässt sich über die *Ligue des droits de l'homme* (LDH)[21] nicht sagen. Das ist die einzige große antirassistische Vereinigung, die abwesend ist. Sie wurde zur Zeit der Dreyfus-Affäre gegründet, dennoch ist sie heute nicht da, an der Seite der Opfer des Anschlags auf den Supermarkt *Hyper Cacher*. Aufgebaut von Ferdinand Buisson, einem der Erfinder der Laizität, einem glühenden Verfechter der Meinungsfreiheit und der Karikaturen, ist sie nicht an der Seite der Opfer des Anschlags auf *Charlie Hebdo*. Denn sie hat Besseres zu tun: Sie zieht es vor, das *Collectif contre l'islamophobie en France* (CCIF)[22] zu verteidigen. Für wen sie kämpfen, spricht Bände. Es ist ein wahrer Untergang, ein Verrat an der eigenen Geschichte. Und selbstverständlich hat uns auch die *Ligue des droits de l'homme* der Provokation beschuldigt.

---

19 Loi relative à la séparation des Eglises et de l'Etat (Das Gesetz zur Trennung von Kirche und Staat). [A.d.Ü.]

20 *Bewegung gegen Rassismus und für die Freundschaft unter den Völkern*. [A.d.Ü.]

21 *Liga für Menschenrechte*. [A.d.Ü.]

22 *Kollektiv gegen Islamophobie in Frankreich*. [A.d.Ü.]

Und dann gibt es da noch Robert Meynard, der damalige Generalsekretär der *Reporters sans frontières* [*Reporter ohne Grenzen*], der die Karikaturen anprangerte: „Im Westen muss man eine Pause einlegen, um nichts zu tun, was im gegenwärtigen Klima als Provokation interpretiert werden könnte."

Es war Franco Frattini, der EU-Kommissar für Justiz und Sicherheit – also nicht der Unbedeutendste –, der am 9. Februar 2006 die Presse dazu einlud, einen „Verhaltenskodex" anzunehmen, „um eine Neuauflage der Krise zu vermeiden, die durch die Veröffentlichung der Mohammed-Karikaturen hervorgerufen worden ist".

All diese Leute tragen eine Verantwortung. Sie haben den Gedanken entstehen lassen, dass die Karikaturen unrecht seien, dass wir Feinde der Muslime wären, Feinde, die einen ungerechten Krieg führen. Und sie haben uns eine Zielscheibe an den Rücken geheftet.

Und es ging noch weiter. Im Jahr 2006 haben zwei damalige Parlamentsabgeordnete der *Union pour un mouvement populaire* (UMP),[23] einer von ihnen der Vize-Präsident der Nationalversammlung, Herr Éric Raoult, einen Gesetzesvorschlag eingebracht, um den Straftatbestand der Blasphemie wieder einzuführen und das Gesetz in diesem Sinne zu ändern. „Jede Rede, jeder Ausruf, jede Drohung, jede Drucksache, jede Zeichnung, jedes Plakat, all das, was Empörung her-

23 *Union für eine Volksbewegung*, konservative Partei Frankreichs. (A.d.Ü.)

vorruft, was die Fundamente der Religionen vorsätzlich beschädigt, ist eine Beleidigung."

Was aber sind die Fundamente der Religion, über die zu lachen verboten sein soll und die ich von Gesetzes wegen verpflichtet bin zu respektieren? Dass Eva aus einer Rippe Adams geschaffen wurde? Dass Gott die Füße der Schlangen entfernt hat, um sie dafür zu bestrafen, dass sie uns in Versuchung geführt haben? Dass Moses das Meer zweigeteilt hat? Dass Jesus übers Wasser gelaufen ist? Dass die Selbstmordattentäter 70 Jungfrauen erwarten dürfen? Was also bin ich verpflichtet zu respektieren? Das Recht, seine Frau zu schlagen, wenn sie nicht nett ist? Was sind die Fundamente der Religionen, die man nicht mehr hinterfragen kann, außer man will sich eines strafrechtlichen Vergehens schuldig machen?

Welch edler Geist des Widerstands!

Diese Feigheit, dieser Verrat haben uns und unser Land dauerhaft in Gefahr gebracht.

Schließlich gibt es noch die Schlimmsten[24], ich sollte eher sagen die PIR, die *Parti des Indigènes de la République*, die die Karikaturen auf ihrer Webseite folgendermaßen interpretierten: „Leute, die Schwarze oder Muslime stigmatisieren, sind nicht wirklich amoralisch, noch weniger ist ihr Handeln eine Straftat, denn sie sind nicht wirklich Franzosen. Sind das überhaupt menschliche Wesen?" Diese Sprache des Hasses

---

24 Im Französischen „les pires", eine Anspielung auf die Abkürzung für *Parti des Indigènes de la République*: PIR.

und die Einnahme der Opferrolle sind der Treibstoff des Terrorismus.

Ich komme nun zum zweiten Schritt der drei angesprochenen. Ich erinnere mich, als sei es gestern gewesen. Es geht dabei selbstverständlich um die Brandstiftung am 1. November 2011. Zum ersten Mal wurde in Frankreich eine Zeitungsredaktion in Brand gesteckt. Man hätte annehmen können, dass wir hier einhellige Unterstützung erfahren hätten, aber nein!

Eine neuerliche Lawine an Vorwürfen ging über *Charlie Hebdo* nieder. Der *Conseil français du culte musulman* (CFCM)[25] und sein Vorsitzender, Herr Mohammed Moussaoui, bedauerten zutiefst den karikaturistischen Stil der Zeitung hinsichtlich des Islams. Dalil Boubakeur geißelte die Vermischungen, die Stigmatisierung und die Islamophobie. Noch schlimmer wieder die *Parti des Indigènes de la République*, die *Charlie Hebdo* bezeichnete als „eines der bevorzugten Medien für Kampagnen zur Stigmatisierung des Islams, die zu dessen Stellungnahmen für die US-amerikanischen imperialistischen Kriege und die israelische Politik passen (…) Es unterstützt die herrschende Auffassung und fördert die Politik der Ausgrenzung und der Unterdrückung, die die Regierung gegen die Arbeiterviertel betreibt (…) *Charlie Hebdo* ruft dazu auf, Marine Le Pen zu wählen.“

---

25 *Französischer Rat des muslimischen Kultes*. Wurde 2002 mit Unterstützung aus Regierungskreisen gegründet. Er gilt seitdem de facto als Vertretung der französischen Muslime und Musliminnen. [A.d.Ü.]

Doch der Gipfel war die Petition, die vier Tage nach dem Brandanschlag, am 5. November 2011, veröffentlicht wurde, „gegen die Solidaritätserklärungen für *Charlie Hebdo*“, unterzeichnet von bekannten Persönlichkeiten wie Christine Delphy und Rokhaya Diallo. Vier Tage nach dem Brandanschlag ist man in dieser Petition der Meinung, dass es „keinen Grund für Mitleid mit den Journalisten von *Charlie Hebdo* gibt, und dass die materiellen Schäden von ihrer Versicherung bezahlt werden (…).“

Die Unterzeichnenden prangern tatsächlich einen „national-laizistischen“ Staat an und bringen so Frankreich mit dem Nationalsozialismus in Verbindung. Sie verurteilen „die von der weißen Elite an Muslime gerichteten Lektionen in Toleranz“, sowie die „islamophobe Besessenheit“ der Wochenzeitung – all das, wie üblich, auf Grundlage der Selbstinszenierung als Opfer. Sie beklagen sich, dass sie nie Zugang zu den großen Medien hätten, während in Wahrheit Frau Diallo in den französischen Medien allgegenwärtig ist und ihr überall eine offene Bühne geboten wird, auch in Publikationen, zu denen wir keinen Zugang mehr haben. Sie ist übrigens gerade erst als Redakteurin bei der *Washington Post* angestellt worden. Sie beklagt sich, stigmatisiert zu werden, während in Wirklichkeit nur sie zu hören ist. Die Selbstinszenierung als Opfer und Schuldzuweisungen sind offensichtlich eine gute Geschäftsgrundlage.

Und nun zum dritten, letzten Schritt – und hier habe ich begriffen, dass wir die Schlacht verloren haben. Ein obskurer Videofilm von 14 Minuten Länge über das Leben des Propheten, der in den USA gedreht wurde, *L'innocence des musulmans* [Die Unschuld der Muslime], führte erneut zu Demonstrationen, einigen Dutzend Toten, darunter der US-Botschafter in Libyen; und die Welt sprach von nichts anderem mehr. *Charlie Hebdo* konnte nicht umhin auf diese Nachricht zu reagieren, und titelte mit einer Parodie auf den Film *Intouchables* [Ziemlich beste Freunde]. Wir zeigten einen Rabbiner, dem wir einen Imam an die Seite gesetzt hatten, und dachten, auf diese Weise würden wir nicht belästigt werden. Doch nein, unsere Ankläger suchten nun auf den Innenseiten der Zeitung nach den Karikaturen. Man muss wirklich masochistisch sein und Lust haben, sich selbst zu verletzen, wenn man auf diese Weise etwas sucht, das einen beleidigt. Welche Notwendigkeit bestand, eine *Charlie Hebdo* zu kaufen?

Erneut gab es einen Skandal weltweiten Ausmaßes.

Jean-Marc Ayrault, der Premierminister des Präsidenten François Hollande, erklärte am 18. September 2012 „seine vollkommene Missbilligung jeglicher Exzesse“ und rief, an alle gerichtet, zu einem „Geist der Verantwortlichkeit“. Und von Neuem sprachen Dalil Boubakeur und dann Laurent Fabius, der Außenminister, vom „Öl, das man ins Feuer gießt“, und von der Notwendigkeit, „verantwortungsbewusst“ zu handeln. Dem stimmten natürlich Herr Moussaoui und der *Conseil français du culte musulman* (CFCM) zu. Brice Hortefeux[26] prangerte eine „unnötige Provo-

26 Konservativer Politiker und Minister unter Präsident Sarkozy. [A.d.Ü.]

kation“ an. Jean-François Copé sprach ebenfalls von einer Provokation. Und auch bei Bischof André Vingt-Trois – wieder der Vorwurf der Provokation. Und dann noch Daniel Cohn-Bendit, am 20. September 2012 im Nachrichtensender BFM TV: „Sie sind maso (…), sie müssen es lieben, sich selbst weh zu tun, denn sie sagen sich: ‘Wir werden zuschlagen, so werden wir Polizei haben, so werden wir Angst haben, und das wird uns erregen’.“ Ich habe nie ein Wort des Bedauerns von ihm zu dieser miserablen Bemerkung gehört.

Und auch die *Nouveau parti anti-capitaliste* (NPA)[27] stimmte ein: „*Charlie Hebdo* beteiligt sich an der reaktionären Dummheit des Kampfes der Kulturen.“[28] Man fragt sich, ob es bei der NPA überhaupt erlaubt ist, einen einzigen Satz zu schreiben, ohne das Wort „reaktionär“ zu benutzen.

Rachida Dati[29] schrieb am 20. September 2012: „Sie haben einen redaktionellen Coup gelandet, um nicht zu sagen einen Marketing-Coup.“ Sie weiß sehr gut, wovon sie spricht, wenn sie Marketing erwähnt …

Pascal Boniface schrieb am 21. September 2012 im Wochenmagazin *Le Nouvel Observateur*, dass die Leute bei *Charlie Hebdo* „rassistische Hinterwäldler“ seien, sowie „Wiederholungstäter, wenn es gegen Muslime geht“. Und er insistiert: „Der größte Gefallen, den

27 *Neue antikapitalistische Partei*, trotzkistisch. [A.d.Ü.]

28 Im Original „choc des civilisations“, was dem Titel der französischen Ausgabe von Samuel P. Huntingtons Buch *The Clash of Civilizations* entspricht (dt. Kampf der Kulturen). [A.d.Ü.]

29 Französische Justizministerin 2007–2009. [A.d.Ü.]

man dieser Zeitung erweisen kann, wäre ein Gewaltakt gegen sie." Ein „Gefallen" …

Man könnte auch Dounia Bouzar[30] zitieren, die uns eine „Muslimophobie" vorwirft und ausführt: „Im Laufe der Zeit ist *Charlie* genauso extremistisch geworden wie die, die sie zu bekämpfen vorgeben." Dounia Bouzar wurde vom Staat über Jahre hinweg großzügig subventioniert über ihren Verein, der sich der Deradikalisierung widmet. Und sie wurde von jenem unermesslich großen Premierminister, der Jean-Marc Ayrault war, ins *Observatorium für Laizität*[31] berufen. Das ist eine verkehrte Welt.

Und damit kommen wir zu den Rappern. Hier wird eine neue Stufe der Gewalt erreicht.

Nekfeu dichtete am 22. November 2013: „Ich fordere ein Pogrom für diese Hunde von *Charlie Hebdo*."

Disiz la Peste: „Die Leute, die jetzt so erschrocken sind, erlauben sich, das zu zeichnen, was sie selbst zum Lachen bringt (…) Selbst wenn ihr stumm wäret, würde ich euch noch das Maul stopfen. Und wollt ihr wissen, wie ich das machen würde? Nun, ich würde euch die Hände abhacken."

Diese sympathischen Ansichten entsprechen denen des Journalisten und Bloggers Mehdi Meklat, der unter

---

30 *Centre de prévention des dérives sectaires liées à l'Islam*, Zentrum zur Prävention von sektiererischen Entwicklungen im Zusammenhang mit dem Islam. [A.d.Ü.]

31 Eine von April 2013 bis Juni 2021 bestehende, die Regierung hinsichtlich der Einhaltung und Förderung des Grundsatzes der Laizität beratende und unterstützende Kommission. [A.d.Ü.]

seinem eigenen Namen folgende Tweets losließ: „Ich habe nicht übel Lust, Charb mit einem Laguiole-Messer in den Arsch zu ficken“ (21.10.2014); „Ich wünsche Ihnen den Tod“ (4.11.2014); „Soll er doch krepieren“ (18.11.2014). Das hinderte die Musikzeitschrift *Les Inrockuptibles* nicht daran, Meklat am 1. Februar 2017 eine prächtige Titelseite zu widmen.

Sie alle tragen eine moralische Verantwortung für die begangenen Verbrechen. Wir dagegen haben nur die Freiheit der Religionskritik ausgeübt.

Und was passierte dann, ab dem Jahr 2015? Nun, trotz der Toten, der Verletzten und der Barbarei haben manche damit weitergemacht, das monströse Krokodil zu füttern, während man es doch an Hunger hätte sterben lassen müssen.

Ich habe bereits von den Äußerungen des Papstes und Emmanuel Todds gesprochen, aber es gab unzählige weitere, ich erwähne hier nur zwei, die schändlichsten, und beginne mit Frau Danièle Obono, einer Politikerin der Linken,[32] vom 11. Januar 2015, vier Tage nach dem Schrecken und dem Entsetzen. Sie weigert sich, *Charlie* zu beweinen und empfindet das Bedürfnis, das aufzuschreiben. Was für sie unerträglich ist, das ist nicht das Attentat, sondern die Demonstration am 11. Januar und die Beteiligung einiger ihrer Genossen und Genossinnen. Aus ihrer Sicht liegt gerade darin

32 Bei der Parlamentswahl von 2017 wurde Danièle Obono auf der Liste von *La France Insoumise* (Unbeugsames Frankreich; linkspopulistisch, EU-skeptisch) in die Nationalversammlung gewählt. Sie war zeitweilig Sprecherin des linken Präsidentschaftskandidaten Jean-Luc Mélenchon. [A.d.Ü.]

eine „unerträgliche politische, ideologische und symbolische Gewalt“. Sie „weint“ über die Unterschriften ihrer Freunde und Freundinnen, die zu dieser Demonstration aufgerufen haben, die unter dem Motto stattfand: „Wir sind *Charlie*“. Und ein weiteres Mal kritisierte sie „die rassistischen Karikaturen von *Charlie Hebdo*“. Nur vier Tage nach dem Attentat.

Sie hat das Recht, diese Meinung zu haben. Ihre Gedanken verletzen mich, sie erregen Anstoß bei mir und sie beleidigen mich, aber mir geht es nicht darum, sie zu verbieten, im Gegenteil: Ich würde mich für ihr Recht einsetzen, sie weiter zu äußern. Aber man muss Verantwortung übernehmen. Man kann nicht auf allen Hochzeiten tanzen. Sie muss zu dem stehen, was sie gesagt hat, wie auch die Partei, die es ihr ermöglicht hat, Abgeordnete der Republik zu werden. In diesem Zusammenhang möchte ich auch darauf hinweisen, dass Herr Jean-Luc Mélenchon am 18. September [2020], während des Prozesses, in einem Interview mit der Zeitung *La Provence* erneut die angebliche Islamophobie von *Charlie Hebdo* angeprangert hat. *Charlie Hebdo* habe „einen rassistischen Blick, der zu Ausschreitungen ermutigt. [Die Zeitung] fördert die zemmouristische Eskalation.“[33] Diese Aussagen befinden sich auf dem Niveau des Fernsehmoderators Cyril Hanouna.[34]

33 Melénchon bezieht sich hier auf Éric Zemmour, einen extrem rechten Journalisten, der 2020 Präsidentschaftskandidat war. [A.d.Ü.]

34 Französischer Radio- und Fernsehmoderator, Autor, Produzent, Sänger und Komiker, der als despotisch, sexistisch und homophob beschrieben wird. Im Februar 2016 wird er in

Wer so etwas sagt, der meint auch, aufgrund der Handlung eines Einzigen werde die gesamte tschetschenische Gemeinde zum Problem.

Wir jedoch haben niemals auf solche Verkürzungen und solche Vermengungen zurückgegriffen. Denn das ist Rassismus. Und dem haben wir uns immer verweigert. Doch Herr Jean-Luc Mélenchon zögert nicht, es zu tun. Beim Stimmenfang, Herr Mélenchon, begegnet man der Schande.

Und dann – und damit will ich schließen – ist da noch dieser Text, der all diese finsteren Zugeständnisse zusammenfasst. Es handelt sich um den Text von Virginie Despentes, der Ikone einer gewissen Linken[35] um die Zeitschrift *Les Inrockuptibles*. Es ist der 17. Januar 2015, zehn Tage nach dem Attentat, an dem sie erneut einen Text schreibt, der in *Les Inrockuptibles* erscheint: „Und ich war auch die Jungs, die sich mit ihren Waffen Zutritt verschafften. Die sich gerade auf dem Schwarzmarkt eine Kalaschnikow gekauft hatten und sich entschieden, auf die einzig ihnen vorstellbare Weise aufrecht zu sterben, anstatt auf Knien zu leben.[36] Ich liebte auch diejenigen von ihnen, die ihre Opfer darum baten, aufzustehen und ihre Identität zu benennen, bevor sie in ihr Gesicht zielten. Ich liebte auch

Charlie Hebdo als Moskito karikiert, der Kindern das Gehirn aussaugt. [A.d.Ü.]

35 Gemeint ist die popkulturelle Linke. [A.d.Ü.]

36 Frau Despentes formuliert: „mourir debout plutôt que vivre à genoux“. Charb wird häufig mit einer ganz ähnlichen Wendung zitiert, wenn er das Recht zu karikieren gegen Einschränkungen verteidigt. [A.d.Ü.]

deren Verzweiflung." Sie liebt sie, sie verehrt sie, sie findet sie männlich. Für sie ist das Mut. Ich denke, das bedarf keines weiteren Kommentars. Ich schlage Frau Despentes lediglich vor, ihre „schöne Feder" in den Dienst von *al-Qaida* zu stellen, zur Abfassung von Bekennerschreiben, während sie sich behaglich in einem Café in Saint-Germain-des-Prés niedergelassen hat. Sie kann sich das erlauben – niemand nahm ihr diese Worte übel. Darin liegt eine höchst befremdliche Niederlage.

Diese Leute, wissen sie, dass *Charlie* an der Seite aller antirassistischen Kämpfe stand, zusammen mit *SOS Racisme* und mit der *Union des Étudiants Juifs de France* (UEJF),[37] denen ich hiermit meine Ehre erweise, denn sie standen immer an unserer Seite, auch in den schwierigsten Momenten. Als alle schwankten, sind sie aufrecht geblieben.

Diese Leute, verstehen sie überhaupt, dass der Verzicht auf Meinungsfreiheit bedeutet, gleichzeitig auch Millionen von Muslimen aufzugeben – Journalisten, Intellektuelle, Schriftsteller, Frauen, Studierende, die dafür kämpfen in Freiheit zu leben? Wenn das Land der Aufklärung diese Freiheit aufgibt, haben sie keine Hoffnung mehr. Wir können sie nicht im Stich lassen. Sie brauchen uns, damit sie weiter hoffen können. Und ja, es gibt Hoffnung. Seit diesem Prozess haben sich die politischen Diskurse verändert. Abgesehen von denen des Herrn Mélenchon und der Frau Royal,[38] hört man keine Verurteilungen, keine Schmähungen mehr,

---

37 *Vereinigung der jüdischen Studierenden Frankreichs.* [A.d.Ü.]

38 Ségolène Royal, Präsidentschaftskandidatin 2007. [A.d.Ü.]

ist nicht mehr die Rede vom *Öl ins Feuer gießen*. Vor allem aber haben wir das Entstehen eines neuen Diskurses bei den Funktionsträgern des Islams in Frankreich beobachten können. Ich erweise hier dem neuen Rektor der Großen Moschee von Paris, Chems-Eddine Hafiz, meinen Respekt. Ich erinnere daran, dass er in der Zeit des Prozesses gegen die Karikaturen als Anwalt der Moschee noch mein Gegner war. Er ist heute ohne Unterlass dabei, einen Diskurs über einen neuen republikanischen Islam in Gang zu setzen, in dem anerkannt wird, dass das Recht zu einer Karikatur ein Bestandteil der Meinungsfreiheit in Frankreich ist – und er verurteilt vor allem die Opferdiskurse, diese Diskurse des Gifts, deren verheerende Auswirkungen und gewaltigen Risiken er täglich beobachtet.

Und Herr Moussaoui, der Präsident des *Conseil français du culte musulman* (CFCM), hat, wenn auch stärker schwankend, schließlich einen Diskurs in Gang gesetzt, der die Werte der Republik verteidigt und der sich der Bequemlichkeit verweigert, irgendeine Art von staatlicher Diskriminierung zu behaupten. Das ist ein Wendepunkt, und schon allein deshalb wird auch dieser Prozess einer sein.

Die drei Monate, die dieser Prozess gedauert hat, waren belastend, aber sie haben den Fortgang unserer gemeinsamen Geschichte auch ungeheuer beschleunigt und uns zu einem Scheideweg geführt. Ich weiß nicht, welche Richtung wir einschlagen werden, die der Abenddämmerung der Aufklärung [*Lumières*] oder die einer neuen Morgenröte. In jedem Fall wird es wahrscheinlich, und unglücklicherweise, weitere Attentate geben, weitere Tote und weitere Prozesse. Doch es könnte genauso gut sein, dass wir wieder zu dem Volk werden, das vor langer Zeit einmal die Idee der Freiheit in die Welt trug, die Akzeptanz des *Anderen*. Das ist unser gemeinsamer Traum seit dreihundert Jahren, und wir haben keine Alternative. In der Feigheit liegt jedenfalls kein Heil. Ich hoffe, dass wir nicht die Generation sein werden, die auf diese Weise ihrer Geschichte, wie auch ihrer Zukunft den Rücken gekehrt hat.

Es ist an der Zeit, meine abschließenden Worte zu sprechen. Sie sind selbstverständlich Charb gewidmet. Es war mir wichtig, dass Denise und Michel, seine Eltern, in diesem Saal anwesend waren. Euer Sohn war wunderbar, er gehörte zu jenen, die eine immerwährende Erinnerung bei den Menschen hinterlassen, denen sie begegnen. Er inspiriert uns, er verpflichtet uns; und in den Augenblicken des Zweifels, wenn uns die Müdigkeit überkommt, wenn wir genug haben, wenn wir uns danach sehnen, wieder zu einem normalen Leben zurückzufinden, dann ist er es, der uns Mut macht.

Charlie wird leben.

Chronologie der Ereignisse 2000–2020

2. November 2004: Ermordung von Theo van Gogh.

17. September 2005: Interview mit Kåre Bluitgen in der dänischen linken Tageszeitung *Politiken*, unter der Überschrift „Peur profonde de la critique de l'islam" (Tiefe Angst vor der Islamkritik), in dem er die in Dänemark vorherrschende Selbstzensur seit dem Attentat auf Theo van Gogh kritisiert.

September 2005: Fleming Rose von der Tageszeitung *Jyllands-Posten* kontaktiert den dänischen *Gewerkschaftsverband der Karikaturisten* mit folgenden Worten: „Wenn Sie den Propheten darstellen müssten, was würden Sie zeichnen?"

30. September 2005: *Jyllands-Posten* veröffentlicht 12 Karikaturen, die sie auf ihre Anfrage hin erhalten hat.

14. Oktober 2005: Demonstration mit 3000 Teilnehmenden in Dänemark gegen diese Veröffentlichungen.

17. Oktober 2005 (Fastenmonat Ramadan): Die ägyptische Zeitung *Al-Fadschr* veröffentlicht sechs der Karikaturen aus *Jyllands-Posten*. Keine Reaktion von religiösen oder staatlichen Autoritäten.

7. und 8. Dezember 2005: Die Frage der Karikaturen wird auf die Tagesordnung des Gipfeltreffens der *Organisation der islamischen Konferenz* (OIC) in Mekka gesetzt.

31. Dezember 2005: Bombenalarm bei *Jyllands-Posten*.

18. Januar 2006: Die *Organisation der islamischen Konferenz* (OIC) verurteilt die Veröffentlichung der Karikaturen.

26. Januar 2006: Rückruf der Botschafter von Saudi-Arabien, Kuwait und Iran aus Kopenhagen. Die *Arabische Liga* und die *Organisation der islamischen Konferenz* (OIC) kündigen an, bei der UNO einen Antrag auf Annahme einer Resolution zu stellen, die die Beleidigung von Religionen verbietet.

1. Februar 2006: Veröffentlichung der Karikaturen in der französischen Zeitung *France Soir*, gefolgt von der Entlassung des Chefredakteurs. Große Demonstrationen in zahlreichen islamischen Ländern.

5. Februar 2006: Ermordung des italienischen katholischen Priesters Andrea Santoro in der Türkei, als Antwort auf die Veröffentlichung der Karikaturen. Angriffe auf westliche Botschaften im Iran, in Syrien und im Libanon.

7. Februar 2006: Verfahren zur Erlangung einer Einstweiligen Verfügung für das Verbot der Publikation der Karikaturen durch *Charlie Hebdo*. Wird abgewiesen.

8. Februar 2006: Veröffentlichung der Karikaturen in *Charlie Hebdo*.

18. Juli 2006: Auf Initiative der Institution *Habous* wird aus *Charlie Hebdo* direkt zitiert. [*Habous* ist eine Institution islamischen Rechts, die sich mit Stiftungen (waqf, pl. awqaf) beschäftigt. Sie ist zusammen mit der *Assoziation Heilige Orte des Islams* Eigentümer der Großen Moschee von Paris. A.d.Ü.]

3. August 2006: Die *Union des organisations islamiques de France* (Vereinigung der islamischen Organisationen Frankreichs, UOIF) zitiert direkt aus *Charlie Hebdo*.

22. September 2006: *Intervention volontaire* der *Islamischen Weltliga*, die sich der Strafverfolgung anschließt.

7. und 8. Februar 2007: Prozess zu den Karikaturen vor der 17. Kammer des *Tribunal de grandes instances* [TGI, Landgericht; A.d.Ü.] von Paris.

22. März 2007: Das Gericht spricht *Charlie Hebdo* frei.

23. Januar 2008: Der Freispruch wird bestätigt durch die 11. Kammer des Pariser Berufungsgerichts.

12. November 2008: Das Kassationsgericht [Höchster Gerichtshof Frankreichs. A.d.Ü.] weist weitere Rechtsmittel der *Islamischen Weltliga* zurück.

2. November 2011: Brandanschlag auf die Räumlichkeiten von *Charlie Hebdo*.

7. Januar 2015: Attentat auf *Charlie Hebdo*: 12 Tote, 4 Schwerverletzte.

2. September 2020: Beginn des Prozesses zu den Attentaten auf *Charlie Hebdo* und den Supermarkt *Hyper Cacher* vor dem Sonderstrafgerichtshof von Paris.

31. Oktober 2020: Prozessunterbrechung: Bei drei Angeklagten fallen Corona-Tests positiv aus.

2. Dezember 2020: Wiederaufnahme des Prozesses nach einmonatiger Unterbrechung.

4. Dezember 2020: Plädoyer für *Charlie Hebdo* [welches in diesem Buch in ausführlicher Form wiedergegeben ist. A.d.Ü.]

16. Dezember 2020: Das Urteil wird verkündet. Die 14 strafrechtlich verfolgten Personen, davon drei in Abwesenheit, werden zu Strafen zwischen 4 Jahren Gefängnis bis zu lebenslangen Freiheitsstrafen verurteilt. Zwei der Angeklagten haben Berufung eingelegt.